깃털처럼
가볍게
살아라

RETTOKAN TO IU MOSO: ZEN GA OSHIERU "KISOWANAI" IKIKATA
by Shunmyo MASUNO

남을 덜 신경쓰고, 나를 더 사랑하며 진정한 행복을 찾아서

깃털처럼 가볍게 살아라

마스노 슌묘 지음 | 강정원 옮김

슬로디미디어

들어 가며

여러분은 '망상'이라는 단어에 어떤 인상을 가지고 계십니까? 일반적으로 "그건 당신의 망상이야.", "저 사람은 과대망상이 있어."라는 말을 하니 아무런 근거가 없는 상상, 혹은 엉뚱한 생각으로 이해하시는 분이 많지 않을까 합니다.

또한 "나는 망상을 하지 않아.", "망상에 빠진 적이 없어."라고도 하지요. 대부분의 사람들은 그렇게 자신하실 것입니다. 그런데 망상은 모든 사람의 마음속에 잠들어 있기 때문에 언제 부풀어 올라 마음을 가득 채울지 알 수 없습니다. 일상생활에서 이런 일은 없으셨습니까?

"저 사람은 이번 달도 실적이 톱이군. 나는 도저히 못 따라가겠어."

"저 사람은 늘 예쁘네. 그런데 나는…."

남의 대단함을 보고 기가 죽는 것. 이른바 열등감입니다. 이 열등감도 전형적인 망상입니다.

오늘날은 경쟁 사회이기 때문에 옳고 그름을 떠나 이기고 지는 데 얽매이기도 합니다. 남과 근무 평가를 비교하고는 "이겼어.", "졌어."라고 판단하는 것. 내 연인과 남의 연인을 비교하고는 "이겼어.", "졌어."라고 판단하는 것. 이런 상황에 대해 아무런 생각도 떠오르지 않는다는 분은 아마도 없으실 것입니다.

그런데 이 비교도 망상입니다. 또한 열등감의 반대인 우월감도 망상이며, 다양한 장면과 국면에 있는 인간관계에도 망상이 비집고 들어올 틈이 대단히 많습니다.

사람의 마음은 망상에 '감염'되기 쉽습니다. 우선 이 점을 알아주셨으면 좋겠습니다. 저는 망상에 빠진 상태를 '마음의 대사증후군'이라고 부릅니다. 현대 사회에는 이 병이 만연해 있습니다.

그 주된 증상은 자기 자신을 잃어버리는 것, 그리고 있는 그대로를 살아가지 못하는 것입니다. 이는 매우 심각한 상태라고 하지 않을 수 없습니다.

그래서 이 책에서는 망상을 없애는 법, 망상에서 벗어나는 법을 선禪의 사고를 기초로 생각해 보았습니다. '망상'이라는 한 점으로 압축한 주제를 놓고 선의 세계에서 접근하는 것은 저도 처음입니다.

사실 '막망상莫妄想', 즉 망상하지 말라는 선어禪語도 있는 것처럼 선의 가르침과 생각에는 망상에서 벗어나기 위한 지혜가 가득합니다. 이를 꼭 알아 주셨으면 좋겠습니다. 그리고 곧장 실천해 주시기 바랍니다. 선은 실천이 생명입니다.

하나의 망상에서 벗어나면 마음이 한결 가벼워집니다. 마음에 산뜻함이 흘러듭니다. 마음이 평온함으로 채워집니다. 하나씩만으로도 좋습니다. 그 실천을 멈추지 마시기 바랍니다. 서양 속담에서도 말하듯이 '지속은 힘'입니다.

그 힘은 분명 마음의 대사증후군의 해소로 이어질 것입니다. 자기를 바로 보며, 있는 그대로 사는 모습으로 직결될 것입니다. 자, 그곳을 향해 한 걸음 내디딥시다.

합 장

길일 겐코지 주지실에서

마스노 슌묘

목차

3장 남보다 위이고 싶다는 잠재의식을 끊는다

4장 화내지 않고, 무리 짓지 않고, 넓히지 않는 삶의 요령

5장 있는 그대로를 서로 인정하며 살아간다

6장 제 삶은 왜 괴로울까요?

1장

열등감을 가지는 사람과 가지지 않는 사람

1 사람에게는 뛰어난 점도 모자란 점도 있다

여러분 주변에는 대단하다는 느낌이 드는 사람이 있을 것입니다. 그 가운데는 업무 처리 능력이 대단한 사람도 있을 것이며, 협상력이 뛰어난 사람도 있을 것입니다. 혹은 사람을 통솔하는 능력이 빼어난 사람도 있을지 모릅니다.

물론 이를 인정하는 것은 좋습니다. 그런데 간혹 그들과 나를 비교하기 때문에 마음이 편하지 않지요.

"저 사람이 저렇게 대단한 데 비해 나는…."

이처럼 모자란 자기에게만 눈이 갑니다. 열등감이 마음에 둥지를 트는 것입니다. 이때 사람들은 무슨 생각을 할까요? 대부분은 그 모자란 점을 어떻게든 고쳐야 한다고 생각합니다.

사실, 이런 발상이 문제입니다. 모자란 점을 고치거나 서툰 부분을 극복하기란 쉬운 일이 아닙니다.

"좋아서 하는 일이 곧 숙달하는 길이다."

잘 알려진 일본 속담입니다. 좋아하기 때문에 그 일을 더 잘한다. 그런데 이를 뒤집으면, 잘하지 못하는 일, 즉 모자라거나 서툴다고 느끼는 일은 좋아하지 않는다는 뜻이 되지 않습니까?

좋아하지 않는 일에 노력을 쏟기는 어렵습니다. 반면에 좋아하는 일이라면, 노력도 고통이 되지 않으며 숙달도 빠르지요. 발상을 바꿉시다.

남보다 모자란 점이 있으면서도 동시에 뛰어난 점도 반드시 있다는 뜻입니다.

"업무 처리 능력은 어딘가 미진하지만, 남에 대한 배려심은 깊다." 그렇다면 그런 배려심을 가진 나를 더욱 갈고닦으면 됩니다. 뛰어난 점, 장점을 기르는 발상입니다.

저는 '선의 정원'을 디자인하는 일을 하고 있습니다. 현장에 가서 지도할 때 가장 먼저 고려하는 것은 돌이건 나무이건 각각의 소재가 지닌 '힘'을 최대한 이끌어내는 일입니다. 이를 돌의 마음石心을 읽는다, 나무의 마음木心을 읽는다고 말합니다. 힘을 이끌어낸다는 것은 뛰어난 점을 깊게 파고드는 일이라고 해도

힘을 이끌어낸다는 것은

뛰어난 점을

깊게 파고드는 일이라고 해도 좋을 것입니다.

좋을 것입니다.

여러분도 '스스로의 마음自心'을 읽으시기 바랍니다. 여러분의 뛰어난 점, 장점을 깊게 파고드시기 바랍니다. 아울러 그것을 갈고닦아 나가시기 바랍니다. 이것이 곧 모자란 점을 감싸며 여유를 가진 나 자신이 되는 길이라고 생각합니다.

배려심을 갈고닦고, 또 갈고닦다 더 이상 갈고닦을 것이 없어지면 이렇게 됩니다.

"이번에 열리는 큰 모임을 조율할 사람은 그 사람밖에 없어. 그 섬세한 배려심은 아무도 못 따라오니 말이야."

'굉장한' 존재감입니다. 본인이 그런 역할을 하게 되었는데 열등감을 가질 사람은 아무도 없겠지요. 누구나 그렇게 될 수 있습니다. 자, 모자란 곳으로 초점이 가 있는 눈을 어서 뛰어난 곳으로 맞춥시다.

2 '하늘의 기준'을 마음의 의지로 삼는다

각자 열등감을 가지고 있는 상대를 떠올려 주시기 바랍니다. 자, 그는 어떤 사람입니까. 나보다 급여가 높은 사람, 좋은 자리에 있는 사람, 높은 평가를 받는 사람….

그 모든 것에는 '기준'이 있습니다. 차례로 말하자면 돈이라는 기준, 지위나 처지라는 기준, 사회적 평가라는 기준이겠지요. 그런 기준으로 나와 남을 비교하기 때문에 열등감이 생기는 것입니다.

그런데 그러한 기준이 살아가는 데 의지가 될 수 있을까요? 돈에 관해 말하자면, 막대한 재산을 손에 넣기도 하거니와 한순간에 그것을 잃기도 합니다. 지위나 처지도 언제까지고 그대로일 수는 없습니다. 사회적 평가나 상황에 따라 어떻게 변할지 알 수 없지요.

그 어떤 기준도 결코 미덥지 못합니다. 의지가 될 수도 없지요. 때문에 그러한 것을 기준으로 삼아 남과 비교하며 열등감을 가질 필요는 전혀 없습니다.

의지가 되는 것은 하늘의 기준, 부처님의 기준뿐입니다. 바꾸어 말하면 진리라고 해도 좋겠군요. 진리만이 살아가는 데 의지가 됩니다. 그 진리의 근본은 우리가 저마다 고귀한 생명을 내려받고 지금, 바로 이곳에서 살아가고 있다는 것입니다.

생명에 우열은 없습니다. 저마다가 절대적입니다. 절대적인 것은 비교할 도리가 없습니다. 그러므로 한 사람, 한 사람이 내려 받은 그 절대적인 생명을 소중히 여기며 살아낸다. 이것이 진리를 의지로 삼은 삶의 자세입니다.

이를 곱씹으며 주변을 다시 둘러보시기 바랍니다. 돈을 많이 번다. 좋은 자리에 있다. 높은 평가를 받는다. 이러한 것이 전과는 달리 보이지 않으십니까?

"뭐야. 이런 남의 일은 내가 살아가는 데 아무런 상관도 없잖아."

그렇지요. 이를 깨닫는 것이 중요합니다. 이를 깨닫는지 여부에 따라, 열등감을 가지는 사람과 가지지 않는 사람으로 나뉩니다. 한번 깨닫기만 하면 그 누구를 보더라도 열등감을 가질 일은 없습니다.

돈도 지위도, 평가도 저세상까지 가지고 갈 수는 없습니다. 가지고 갈 수 있는 것이 있다면, 그것은 살아냈다는 납득감입니다. 이런 선어가 있습니다.

'본래무일물本來無一物.'

사람은 본디 무엇 하나 가지지 않은 알몸으로 태어나, 죽을 때 또한 아무것도 가지지 않고 여행을 떠난다는 뜻입니다. 어쩌다 손에 들어올 수 있는 돈이나 지위, 평가도 삶이라는 시점에서 보면 일시적인 것, 말하자면 별안간에 생긴 물거품입니다. 찰나에 터지며 사라져 버리지요.

의지가 될 수 없는 기준은 버립시다. 이는 분명 열등감에서 벗어난 삶으로 이어질 것입니다.

3 볕이 들지 않는 일도 최선을 다한다

열등감은 다양한 감정을 일으킵니다. 대표적으로 부러워하거나 비굴해지는 마음을 들 수 있을 것입니다.

"저 사람은 저렇게 빛나는 데서 일해서 좋겠다. 나도 똑같은 기회를 얻는다면 마음껏 실력 발휘를 할 수 있을 텐데……."

"나는 왜 이리 운이 없을까. 운이 이토록 따라 주지 않는데 뭐 하나 되는 일이 있을 수 있을까."

이와 비슷한 생각을 해 보신 분이 적지 않을 것입니다. 그런데 과연 남을 부러워하거나 비굴함의 껍데기에 숨어들어서 좋을 것이 있을까요. 부러워한들 그 사람과 똑같은 자리를 얻을 수 있지도 않으며, 비굴해진들 누군가가 도움의 손길을 내밀어 주지도 않습니다.

좋을 것이 전혀 없습니다. 오히려 열등감이 점점 더 강해질 뿐입니다. 혹시 아래와 같은 선어가 있다는 것을 아십니까?

'춘색무고하 화지자단장春色無高下 花枝自短長.'

봄기운은 모든 것에 평등하게 다가와 따스한 볕을 내려 준다. 그런데 꽃이 피는 가지에는 짧은 것도 있으며 긴 것도 있기 때문에 볕을 평등하게 받는 것은 아니라는 뜻입니다.

긴 가지는 볕을 가득 받고 꽃을 빨리 피우는 한편, 그 아래 감춰진 짧은 가지의 꽃은 볕이 덜 들어 늦게 필지도 모릅니다. 그러나 가지는 이를 결코 의식하지 않습니다.

짧은 가지는 긴 가지를 부러워하지도 않으며 저 혼자 비굴해지지도 않습니다. 자기가 그곳에 있음을 자연스럽게 받아들이고는 그곳에서 한껏 꽃을 피워 보이는 것입니다. 그렇기에 어떤 가지에서 핀 꽃이건 아름다우며, 보는 사람을 매료시키는 것이지요.

열등감에서 헤어날 단서가 있는 것 같지 않으십니까? 내가 있는 그 장소에서, 상황 속에서 최선을 다한다. 볕이 들지 않는 장소일지라도, 하찮다는 생각이 드는 일이 주어질지라도 자기의 온 힘을 다하는 것입니다.

이런 선어도 있습니다.

'수처작주 입처개진隨處作主 立處皆眞.'

어떤 곳에 있을지라도 거기서 주체성을 가지고 힘이 닿는 한 열심히 노력하면 그 무엇에도 얽매이지 않는다. 본래의 내 모습으로 살아갈 수 있다는 뜻입니다.

그 자리에서, 그 시점에서 최선을 다해 살아가는 모습이 빛나 보이지 않을 수는 없습니다. 빛나는 사람은 열등감과 연이 없습니다. 아울러 최선을 다한다면 거기서 반드시 기쁨을 찾을 수 있기 때문에 누군가를 부러워하거나 저 혼자 비굴해질 일도 없습니다.

여러분 자신이 있을 장소는 스스로 고르지 못하거나, 혹은 남에게서 주어지는 것일 수 있습니다. 그러나 최선을 다할지 여부는 스스로에게 달려 있습니다. 자, 여러분은 어떻게 하시겠습니까?

4 더 가지고 싶다는 마음이 괴로움을 낳는다

많이 가지는 것이 풍요의 상징인 시대가 있었습니다. 그 유풍은 지금도 보이는 것 같습니다. 가까운 예로 명품을 들 수 있겠군요. 고가의 명품을 많이 가지며 우월감에 젖는 사람이 있습니다. 그 반대편에는 명품을 가지지 못해 비참함을 느끼는 사람도 있습니다.

가지고 싶은 물건을 손에 넣는 것이 만족감으로 이어지고, 손에 넣지 못하는 것이 고민이나 괴로움이 되는 면은 분명 있습니다. 석가께서도 '구부득고求不得苦', 즉 얻으려 해도 뜻대로 얻을 수 없는 괴로움을 '사고팔고四苦八苦(인간의 온갖 괴로움)'의 하나로 들고 계십니다.

단, 구하는 마음에는 어떻게 할 수도 없는 '약점'이 있습니다. 바로, 손에 넣기 무섭게 "더, 더 가지고 싶어."라는 마음이 든다는 것입니다.

가령 가지고 싶었던 브랜드의 가방을 손에 넣었다고 합시다. 그때는 만족감에 젖을 수 있겠지만, 그것이 오래가지는 않습니다. "이번엔 신발! 아, 신발이 가지고 싶어!"라는 마음이 들지요. 석가의 말씀을 하나 더 소개해 드리겠습니다.

"인간의 욕망이라는 것은 설령 히말라야의 산을 전부 황금으로 바꾸었다고 할지라도 만족되는 법이 없다."

손에 아무리 많이 넣어도 만족되지 않는다. 더 가지고 싶은 마음에는 끝이 없다는 뜻입니다. 그와 같은 마음의 악순환에 빠져 괴로움이 늘어날 뿐입니다.

그렇게 되지 않는 방법이 하나 있습니다. '지족知足'의 마음을 가지는 것입니다. 족함을 안다. 즉 "지금 이 그대로 충분하지 않은가. 고맙구나."라는 마음으로 살아가는 것입니다. 석가께서는 지족에 관해 이렇게 말씀하셨습니다.

"지족한 사람은 땅에 드러눕는다고 할지라도 안락함으로 삼는다. 지족하지 아니한 자는 천당에 처한다고 할지라도 뜻에 차지 않는다. 지족하지 아니한 자는 부유해 보인다고 할지라도 빈

족함을 모르는 자는
제아무리 유복할지라도
마음은 빈곤하다.

곤하다."

족함을 아는 사람은 땅바닥에 눕는 삶을 살아도 마음이 평안해 행복함을 느낀다. 족함을 모르는 자는 천상의 궁전과 같은 곳에 살아도 만족하는 법이 없다. 족함을 모르는 자는 제아무리 유복할지라도 마음은 빈곤하다. 대략 이러한 뜻입니다.

아무리 가져도 마음은 풍요로워지지 않습니다. 족함을 아는 데에 평안한 마음과 풍요로운 마음, 행복이 있는 것입니다. 우리 시대의 사람들은 이제 이 사실을 깨닫고 있습니다.

풍요로움을 가져오리라고 믿고 손에 넣은 많은 것에 둘러싸인 삶 속에서 "이건 진정한 풍요로움이 아니야."라는 실감을 비로소 가지게 되었다고 해도 좋을 것입니다.

그 선봉에 나설 사람은 여러분입니다. 지족한 마음을 기릅시다. 그러면 보란 듯이 명품을 들고 다니는 사람을 보아도 비참함을 느낄 일은 추호도 없습니다. 빈곤한 마음에 깃든 우월감이 얼마나 외롭고 슬픈 것인지 간파할 수 있기 때문입니다.

5 이상보다 자기의 발밑을 응시하라

삶에서 이상을 가지는 것은 중요하다고 생각합니다. 이상이 있기 때문에 그곳을 향해 자기를 몰아갈 수 있지요. 진취적인 마음과 의욕, 노력…. 그 원천을 더듬어 가다 보면 자기 안에 있는 이상에 다다를지도 모릅니다.

그런데 이상과는 별도로 '현실의 나'가 있는 것도 분명합니다. 양자의 차이에 타협을 짓기란 쉬운 일이 아닌 듯합니다. '이상의 나'와 '현실의 나'의 간격이 지나치게 크면 다소 곤혹스러운 상황에 빠집니다.

"IT 관련 회사를 세워 자수성가한다."

이런 이상을 내건 내가, 현실에서는 IT 기업과 아무런 상관이 없는 회사에서 일반 사무를 보고 있다. 매우 큰 간격입니다. 이 대목에서 마음이 이상 쪽으로 기울면 현실의 내가 하찮은 존재처럼 생각되기도 합니다.

"나는 대체 뭘 하고 있는 거지? 나같이 한심한 인간은 뭘 해도 잘 되지 못해."

소위 자기혐오입니다. 자기혐오는 '이상의 나'에게 '현실의 나'가 열등감을 가지는 마음 상태라고 할 수 있을 것입니다. 거기서 아무리 발버둥을 친들 간격은 줄어들지 않습니다.

간격을 줄이려면 이상을 향해 한 걸음씩 발을 내디딜 수밖에 없습니다.

'각하조고脚下照顧.'

"자기의 발밑을 응시하라."라는 선어입니다. 일로 말하자면, 나는 지금 어떤 일을 하고 있고 어떤 지위에 있으며, 무슨 일을 해야 하는지 가슴에 분명히 새기는 것을 가리킵니다. 저 멀리 있는 이상만을 바라보다 보면 발밑은 희미해지고 맙니다.

발밑을 응시하는 것은, 한 걸음을 내디디는 데 필수 조건입니다. 앞의 예라면 해야 할 일은 컴퓨터 활용일 것이니, 거기에 집중해 실력을 쌓는 것입니다. 컴퓨터 활용의 '달인'이 된다면 IT 관련 기업으로 전직할 길도 열리지 않을까요. IT와는 아무런 상관없는 회사에서 IT 기업으로 직장을 옮겼다면, 이것부터가 벌써 한 걸음을 확실히 내디딘 것이 아닐까요?

설령 작은 한 걸음일지라도 이상으로 향하고 있다는 맛이 느껴진다면, 벌어진 간격으로 고민할 필요도, 자기혐오에 빠질 필요도 없습니다. 발밑을 항상 응시하며 걸어갈 수 있는 것입니다.

어떤 이상을 실현하는 데도 이런 과정을 거칠 수밖에 없음을 알아주시기 바랍니다. 이상을 생각할 때 중요한 것은 "나는 대체 뭘 하고 있지?"라는 탄식이 아니라, "나는 지금 뭘 할 수 있지?"라는 자문입니다. 이로써 발을 내디뎌야 할 다음 길이 보이는 것입니다.

6 남에게 '질 수 있는' 사람에게는 열등감이 없다

한때 일본에서는 승리조, 패배조*라는 말이 자주 쓰이기도 했습니다. 현대 사회는 다양한 장면에서 승패 판정이 내려집니다. 명문고에 합격하면 승리, 불합격하면 패배라고 판정하는 것을 비롯해서 일류 대학에 들어가면 승리, 이류·삼류이면 패배, 사회에 나와 일류 기업에 취직하면 승리, 그러지 못하면 패배, 영업 실적에서 항상 상위 등수이면 승리, 실적이 늘 시원찮으면 패배,

* 제 2차 세계대전에서 일본의 패전 사실을 수용하지 않은 재외 일본인을 승리조勝ち組 혹은 전승파, 그 반대를 패배조負け組 혹은 인식파라고 한 데서 유래한 말로, 일반적으로는 각각 '성공한 소수', '그렇지 못한 다수'를 의미함.

상사에게 높은 평가를 받으면 승리, 평가가 낮으면 패배와 같은 식입니다. 사적으로도 이성에게 매력이 있으면 승리, 그렇지 못하면 패배가 되겠지요.

그것의 옳고 그름은 떠나 그런 현실 속에서는 이긴 사람은 우위에, 진 사람은 열위에 있는 것으로 여겨집니다. 그래서 모든 사람이 이기려고 기를 쓰지요. 토론에서는 상대를 어떻게든 설복시키려고 하며, 출세 경쟁에서는 한 발이라도 더 남보다 앞서려고 합니다.

그런데 극소수의 예외를 제외하고는 이기기만 하는 사람은 없으며, 반대로 지기만 하는 사람도 없습니다. 저는 사실 졌을 때, 그 사람의 역량이 보인다고 생각합니다.

가령 영업 실적에서 맞수에게 졌을 때, 그 상대의 실력을 순순히 인정할 수 있느냐는 것입니다. 이를 인정하지 못한 채, "이번엔 저 녀석이 어쩌다 운이 좋았을 뿐이야. 실력은 내가 위지. 다음번에는 어떻게든 1등을 뺏어 주겠어."라고 하며 겉모습에 아랑곳 않고 복수에 열을 내는 모습은 어디까지나 이기는 데 얽매인 것입니다. 그러나 사실 이는 지는 데 얽매이기도 한 것입니다. 마음에는 이미 상대에 대한 열등감이 들어와 있습니다.

반면 "이번에 1등이었다고? 축하해. 나도 더 열심히 해야겠네."라고 생각하며 상대를 인정하고 기릴 수 있는 사람은 이기는

상황에 따라 어떻게 바뀔지 알 수 없는

승리와 패배를 뛰어넘어

견실하게 자기 삶을 사는 것입니다.

데도, 지는 데도 얽매이지 않습니다. 열등감에 사로잡힐 일도 없는 것입니다.

두 사람의 역량 차이는 명백하지 않을 수도 있습니다. 그러나 뒤의 예는 상대의 좋은 점과 뛰어난 점을 배우며 그로써 자기를 더욱 발전시킬 수 있는 사람입니다. 그런 자세라면 이겼다고 해서 우월감에 우쭐하지도 않으며, 졌다고 해서 열등감에 시달리지도 않습니다. 상황에 따라 어떻게 바뀔지 알 수 없는 승리와 패배를 뛰어넘어 견실하게 자기 삶을 사는 것입니다.

뒷모습이 멋지다는 말이 있습니다. 달리 말하면 "태연히 질 수 있다."라고 말할 수도 있을 것입니다. 태연하다는 것은 평상심을 말합니다. 따라서 진다고 할지라도 평상심을 잃지 않는다는 것이 뒷모습이 멋지다는 말이라고 할 수 있을 것입니다. 이것이 바로 승리와 패배를 뛰어넘는다는 말일 것입니다.

여러분은 뒷모습이 멋진 분이시기를 바랍니다.

7 뛰어난 사람에게 적대심을 가지는 것은 무의미하다

혹시 여러분 주변에 걸핏하면 남을 헐뜯는 사람은 없습니까? 일에서 성과를 낸 사람에게도 말입니다.

"위에다 비위를 잘 맞춘 결과지, 뭐. 거기서 안 끌어 주면 저 녀석은 아무것도 못 할 거야."

이런 '논평'밖에 하지 못하는 사람 말입니다. 이는 열등감보다 더 심각합니다. 언뜻 상대에 대한 적대심이 보이기 때문입니다. 그 적대심의 밑바닥에는 무엇이 있을까요? 내 자리를 지키고 싶다, 내 처지를 잃고 싶지 않다는 자기보신입니다.

그런데 자리나 처지를 남에게 적대심을 드러내면서 구체적으로는 남을 나쁘게 말하면서 지킬 수 있을까요? 그렇지 않을 것입니다.

위치나 지위는 모두 자기가 이루는 것이며, 지키는 것도 자기 자신입니다. 남을 욕한들 자리가 빛을 발할 리도 없거니와 처지가 안정될 리도 없습니다. 오히려 예상을 빗나간 얄궂은 결과가 초래될 것입니다.

"또 시작이네. 저 사람은 남의 욕밖에 못 해. 저럴 시간에 조금이라도 자기 능력이나 기를 것이지."

주변에서는 이런 냉담한 눈으로 보고 있습니다. 지키려고 했던 자리도, 처지도 흔들리는 것입니다.

애당초 저는 자기보신이라는 사고에 회의적입니다. 보신은 그 자리에 머무름을 뜻하지요. 혹시 불교의 근본 원리를 보여주는 말을 아십니까?

'제행무상諸行無常.'

이 세상의 모든 사물은 늘 변화해 가고 있으며, 단 한 순간도 머물러 있지 않다는 뜻입니다. 이는 흔들림 없는 진리이니 자기보신에 치중하려는 것, 즉 그 자리에 머물려는 것은 진리와 맞지 않는 이야기입니다.

사람은 때에 따라서 자기의 자리나 처지 내에서도 변화를 경험합니다. 앞서 자리나 처지는 모두 자기가 '지키는' 것이라고 말씀 드렸습니다. 그러나 이 지킨다는 것이 머무름, 또는 바뀌지 않음을 뜻하는 것은 아닙니다.

어제보다 오늘, 오늘보다 내일의 내가 성장해 간다(진리와 함께 변화해 간다). 이것이 지킨다는 것의 뜻입니다. 이를 위해 필요한 것이 배움입니다. 남과의 교제에서, 남의 말과 행동에서 배운다. 이것이 성장의 양식입니다.

그렇다면 남에게 적대심을 가지는 일은 그 배움의 기회를 스스로 저버리는 것과도 같다고 할 수 있지 않을까요. 신체의 성장에 필요한 것이 식사라면, 사람 마음의 성장에 없어서는 안 되는 것은 배움입니다. 식사를 하지 않는 사람은 없습니다. 그런데도 마음이 성장하는 데 필요한 양식에 무관심한 사람이 있음은 어째서일까요. 나날이 식사를 하듯이, 나날이 배워 간다는 자세로 살아가시기 바랍니다. 남에 대한 적대심은 이 자세에 전혀 필요하지 않습니다.

8 '그거, 나야 사기'는 열등감의 이면

여러분은 '그거, 나야 사기*'라는 말을 아십니까? 실례를 들어 보겠습니다.

"우리 회사의 실적이 급증한 것은 그 상품을 개발했기 때문이야. 그런데 그걸 처음 기획한 사람이 나야."

"우리 회사가 ○○ 사와 거래하게 될 줄은 생각지도 못했어. 그런데 사실 저쪽 관계자를 설득한 사람이 나야."

성과를 올린 일이 전부 자기의 공이라고 주변에 퍼뜨리는 것

* アレオレ詐欺. 일본의 보이스피싱인 '나야, 나 사기オレオレ詐欺'에서 파생된 말.

이 '그거, 나야 사기'의 실태입니다. 주변에 그런 사람이 있는 것 같다는 분도 결코 적잖을 것입니다.

'그거, 나야 사기'의 목적은 분명합니다. 내가 '잘나가는 사람'으로, '거물'로 보이고 싶은 것입니다. 거기에 비치는 모습은 '있는 그대로'의 나에게 자신을 가지지 못하는 나일 것입니다.

'호랑이의 위세를 빌리는 여우狐假虎威'라는 말이 있습니다. 권세나 권력이 있는 사람에게 기대 강한 체하는 사람들을 가리킵니다. 여우는 본래의 자기가 강하지 않음을 알기 때문에 호랑이의 위세를 빌리는 것입니다.

'그거, 나야 사기'도 마찬가지입니다. 자기에게 자신이 없으니 자기 자랑을 하며 호랑이의 위세에 기대지 않을 수 없는 것입니다. 즉 '그거, 나야 사기'의 배경에 있는 것은, 나는 잘나가는 사람이 아니며 거물도 아니라는 자각입니다. 이것이 곧 열등감이 아닐까요.

그러나 '빌린 것'이 언제까지고 통용될 수는 없습니다. 그 수는 조만간 들킬 것입니다. 어떻게 될지는 불 보듯 번하겠지요. 자기 자랑을 할수록 사람은 떠납니다. 나중에 깨달았을 때는 아무도 상대해 주지 않는 나 자신이 거기에 있을 것입니다. 짧은 선어가 있습니다.

'노露.'

마음이 가장 가볍고

산뜻한 삶은

'노'로 살아가는 것이라고 저는 생각합니다.

문자 그대로 '드러남'을 뜻합니다. 어디에도 덮어 감추는 데 없이 전부 적나라하게 드러나는 것. 그야말로 '있는 그대로'의 모습입니다. 마음이 가장 가볍고 산뜻한 삶은 '노'로 살아가는 것이라고 저는 생각합니다.

있는 그대로이면 주변의 이야기에 휘둘리지 않습니다. 그 이상도, 그 이하도 아닌 정량의 자기인 셈이니 주변에서 어떤 이야기가 들려와도 일희일비하지 않습니다. 언제나 평온한 마음으로 있을 수 있는 것이지요. 이것의 반대편에 있는 사람이 '그거, 나야 사기'의 장본인이라고 할 수 있을 것입니다.

우리 주변에서 '그거, 나야 사기'를 하는 사람은 때로 짜증나고 괘씸하게 느껴질지도 모릅니다. 그럴 때는 "저런 사람도 있구나."라는 정도로만 생각하며 거리를 두고, 차가운 눈으로 보고 말면 될 일입니다.

다시 한 번 말씀을 드리지만, '그거, 나야 사기'는 자기의 열등감을 드러내는 것과 같습니다. 여러분은 '노'로 살아가시면 그것으로 좋습니다.

2장

남의 가치관에 휘둘리지 않으려면

1 누군가의 평가보다 납득감을 중시한다

좋은 일이건 나쁜 일이건 거기에는 늘 평가가 따릅니다. 이를 의식하지 않는 사람은 없을 것입니다. 평가가 낮으면 열등감의 씨앗이 되기도 합니다. 물론 일의 평가와 인간으로서의 평가는 별개입니다. 그런데 자칫 이를 간과해 버리기 쉽습니다.

"일에서 늘 좋은 평가를 못 받겠어. 내게 능력이 없는 게 아닐까. 인간으로서 끝이 아닐까."

이런 생각에 내몰립니다. 하지만 잘 생각해 보시기 바랍니다. 일은 어디까지나 삶의 일부이지 전부가 아닙니다. 일에서 받은 평가를 '과대 해석'할 필요는 없습니다.

일에서 중요한 것이 과연 평가일까요. 가령 좋은 평가를 받을 수 있다면 물불을 가리지 않는 사람이 있다고 합시다. 영업 실적을 올리기 위해 일가친척이나 친구, 지인 등의 연줄에 기대 상품을 마구 판매합니다. 연줄이 다하자 이번에는 교묘한 말로 고객의 환심을 사거나, 제공할 수도 없는 과도한 서비스를 언급하기도 합니다. 이른바 '팔면 그만'이라는 태도입니다.

물론 그런 식으로 일하고 실적이 올라 좋은 평가를 받을 수도 있을 것입니다. 그런데 마음은 떳떳할까요?

"너무 부풀려 말했나. 아니야, 한 건 올렸으면 됐지. 그런데 그 말을 진짜로 믿으면 안 되는데…."

마음 어느 한구석이 찔릴 것입니다. 반면에 실적은 오르지 않더라도 고객 한 명마다 성의를 다해 대하며 자기의 능력을 마음껏 발휘했다면 어떨까요. "해냈다!"라는 생각을 할 수 있을 것입니다.

납득감이 어느 쪽에 있는지는 더 말할 나위가 없습니다. 그렇다면 다시, 일에서 진정으로 중요한 것은 눈앞의 평가일까요, 아니면 자기 자신의 납득감일까요. 저는 단연 납득감이라고 생각합니다.

매사에 납득감을 추구해 간다. 이는 일을 대하는 나의 토대를 견고히 다지는 것입니다. 토대가 든든하면 그 위에는 어떤 건물도 지을 수 있습니다. 한편, 평가에 기우는 태도는 그 토대를 소홀히 다지는 것입니다. 잠깐은 번듯한 건물이 들어설지 모르지만, 언젠가는 폭삭 무너져 내릴 것입니다. 사상누각이라는 말도 있지 않습니까.

납득감이 우선입니다. 단, 현실적으로 본인에게 맞는 일과 맞지 않는 일은 있습니다. 맞지 않는 일에서는 납득감을 얻으려고 노력해도 좀처럼 얻지 못하며, 평가로도 전혀 연결되지 못할 수 있습니다.

역시 능력은 적성에 맞는 일에서 꽃피웁니다. 때문에 '단념'도 중요합니다. 문제는 단념하는 시기입니다. 요즘 젊은 세대는 단념이 너무 빠른 것 같습니다. 일을 하다가 몇 개월 만에, "왠지 이 일은 나와 안 맞는 거 같아. 다른 곳을 슬슬 찾아 봐야 하는데…."라는 생각을 하는 일이 종종 있습니다. 이는 단념과는 다릅니다. 단지 참을 줄을 모르는 것입니다. 참고 또 참고, 버티고 또 버티다, 그 결과로서 그 일을 맞지 않다고 판단하는 것. 그것이 단념입니다.

대끝에서도 삼 년이라는 속담이 있듯 목표는 삼 년이 적절할까요? 목수와 같은 장인의 세계에서는 '대팻날 갈며 삼 년'이라는 말이 있다고 합니다. 대팻날을 잘 갈려면 삼 년이 걸린다. 그때까지는 날이면 날마다 대팻날을 계속 간다. 갈기를 터득하면

대패질을 하는 기술도 몸에 밴다고 합니다.

고작 몇 개월로는 이야기가 되지 않습니다. 참고 버티며 삼년. 단념은 그 이후입니다.

2 꾸준히 계속하는 데 답이 있다

선의 수행 기간 중에는 과업이 세세하게 정해져 있으며 그것을 매일 반복합니다. 같은 일을 꾸준히 쌓아 나가는 것입니다. 이것 외에 수행의 길은 없습니다. 삶도 마찬가지일 것입니다.

두 발을 모으고서는 앞으로 나아갈 수도 없으며, 높은 데로 뛰어오를 수도 없는 것이 삶입니다. 한 발짝, 한 발짝 걸어가고, 한 계단, 한 계단 올라갈 수밖에 없습니다. 지지부진한 걸음처럼 보이지만, 그 꾸준한 걸음으로 열 보 앞으로 나아가고, 열 계단 위로 올라가면 보이는 풍경이 바뀝니다.

세상일을 보는 법과 파악하는 법, 사고하는 법이 바뀝니다.

도량이 넓어지며, 역량이 확장된다고 해도 좋을 것입니다. 남에게 들은 말도 표면적 의미만이 아니라, 깊은 데 있는 진의를 알 수 있다. 내 감정에 지배된 행동이 아니라, 침착하게 억제된 행동을 취할 수 있다. 남의 아픔이나 슬픔을 느껴 알 수 있다…. 이것이 '풍경의 변화'입니다.

꾸준히 한다는 것은 눈앞의 일을 담담히 소화해 가기만 하는 것이 아닙니다. 하나하나의 일마다 정성껏, 마음을 쓰며 수행하는 것이 '꾸준히'입니다.

이런 선어가 있습니다.

'끽다끽반喫茶喫飯.'

차를 마실 때는 차를 마시는 데만, 밥을 먹을 때는 밥을 먹는 데만 성심을 다하라는 뜻입니다. 선에서는 이를 "하나가 된다."라고도 말합니다만, '꾸준히'에는 이런 속뜻이 들어 있습니다.

마음을 쓰며, 정성껏 열심히 하면, 마음에 불순물이 들어올 틈이 없습니다. 혹시 이런 적은 없으셨습니까?

"이 일을 끝내면 분명 과장님께 칭찬을 받을 수 있겠지. 내 주가가 단숨에 오를 것이 틀림없어."

"저 사람과 친해지면 괜찮은 일이 굴러 들어올 거 같아. 인맥도 넓어져 더 좋은 회사로 옮길 수 있을지도 모르지."

일이나 대인관계에 득실을 따지는 것. 해서 득인 일, 실인 일,

사귀어서 득인 상대, 실인 상대와 같은 판단을 하는 것입니다. 불순물 가운데 으뜸가는 것이 이런 득실 계산입니다.

득실로 가늠하면 득인 것은 열심히 하는 반면, 실인 것은 손을 놓아 버리기도 합니다. '꾸준히'와 거리가 멀어지는 것입니다. 삶에서 꼭 거쳐야 할 '왕도'를 벗어나 버린다고 해도 좋을 것입니다.

선에서는 좌선이건 청소건 전적으로 똑같은 수행입니다. 우열은 없습니다. 여러분 눈앞에 있는 일에도 득이나 실인 것은 없습니다. 그것은 언제이건 꾸준히 임해야 할 일입니다.

3 모자라다는 생각은 주관에 지나지 않는다

언젠가부터 '대사증후군'이라는 말이 자주 들리기 시작했습니다. 내장에 지방이 두껍게 붙은 상태를 말하는데, 고혈압이나 당뇨 등 생활습관병의 원인으로 지목되고 있습니다.

이는 몸의 문제이지만, 저는 마음에도 똑같은 일이 벌어진다고 생각합니다. 사람은 본디 한 점의 흐림도 없는 새것인 마음으로 이 세상에 태어납니다. 그러나 성장함에 따라 마음은 다양한 것을 두르게 됩니다. 남을 밀쳐서라도 내가 앞서려는 자아, 덮어놓고 재물을 바라는 아욕我慾, 무언가에 얽매이는 집착, 온갖 생각에 사로잡히는 망상 등이 그것입니다.

그러한 것이 마음에 빽빽이 붙은 상태를, 저는 '마음의 대사증후군'이라고 부릅니다. 물론 살아 있는 한, 마음에 두른 것을 전부 떼어내 버릴 수는 없습니다. 그러나 얇게 만들어 갈 수는 있지요. 이는 본래의 새것인 마음을 깨닫고는 그것으로 되돌아가는 일이기도 합니다.

선에는 이를 위한 길을 여는 말이 여럿 있습니다. 아래도 그 가운데 하나입니다.

'막망상莫妄想.'

망상을 하지 말라는 뜻입니다. 생각에 사로잡혀 거기에 얽매이는 것이 망상입니다만, 이것이 참 머리가 아픕니다. 일로 예를 들면 일선에서 활약하는 사람을 보고는 "저렇게 되고 싶다."라는 생각이 들기도 합니다. 그러면 그렇게 되기 위해 노력을 하면 될 일인데, 마음만 커지며 제자리를 맴돌다 오히려 그곳에 갇히기도 합니다. 분명한 망상 상태이지요.

연애에도 망상이 끼어들기 쉽습니다. 상대의 기분을 헤아리지 않고, 내 마음만을 멋대로 부풀리는 일은 전형적인 망상이라고 해도 좋을 것입니다. 망상이 삐뚤어진 형태로 나타난 것이 스토킹입니다.

열등감도 망상입니다. 누군가보다, 혹은 무언가가 모자란다는 생각에 사로잡혀 그곳에서 헤어나지 못하지요. 또한 모자란

나 자신 때문에 고민하고 괴로워하기도 합니다. 모자라다는 생각을 하는 사람도 나이고, 고민하고 괴로워하는 사람도 나이니 그야말로 자승자박인 것입니다.

선에서는 좌선을 비롯한 수행에 집중하며 막망상의 경지에 이르고자 합니다. 그러나 여러분의 일상생활에 '수행'을 도입하기는 무리가 있을 것입니다. 그래서 대신 제안 드리고 싶은 일이 규칙적인 생활을 보내는 것입니다.

핵심은 아침에 일어나는 시간을 이르게, 또한 일정하게 만드는 것입니다. 아침은 하루의 출발이므로 이를 규칙적인 것으로 만들면, 하루를 규칙적으로 보내는 리듬이 생깁니다.

사람은 안이한 방향으로 흐르기 십상입니다. 나무통에 테를 메우듯이 어딘가에 테를 메우지 않으면 생활이 느슨해지고 흐트러지기도 합니다. 그 테가 바로 규칙적인 생활입니다. 규칙적인 리듬의 생활이란, 시간관리가 되어 있어 그 시간에 해야 할 일이 분명한 생활을 말합니다. 여기서 중요한 점! 망상은 단지 막연하고 무료하게 시간을 버리고 있을 때 생기기 쉽습니다.

규칙적인 생활은 막망상을 향한 확실한 첫 걸음입니다.

4 '지금' 해야 할 일이 반드시 있다

앞서도 말씀 드렸던 것처럼 열등감이 생기는 최대 원인은 나와 남을 비교하는 것입니다. 하지만 주변과의 관계 속에 살아가는 이상, 남을 전혀 의식하지 않는 사람은 없을 것입니다. 이는 어쩔 수 없습니다. 그런데 그것이 남과 비교하며 우열을 짓는 방향으로 가기 때문에 머리가 복잡해지는 것입니다.

그렇게 되지 않기 위한 키워드가 '지금'입니다. 선에 이런 말이 있습니다.

'즉금卽今, 당처當處, 자기自己.'

'지금 당장, 그 장소에서, 내가'라는 뜻입니다. 그 순간에, 그 곳에서, 내가 해야 할 일이 반드시 있다는 것입니다. 그 일을 한결같이 하는 것이 무엇보다 중요하다고 이 선어는 말하고 있습니다.

단적으로 말하자면 '지금'을 소중히 한다는 뜻입니다. 여러분은 지금을 소중히 할 자신이 있으십니까? 가령 일을 하다가 퇴근 후의 술자리를 생각하지는 않으시는지요. 반대로 사적인 시간을 보내고 있는데 일을 신경 쓰지는 않으시는지요.

이는 모두 '지금'에 소홀한 것입니다. 중국 당나라 시대의 조주종심 선사와 관련된 공안(생각하는 데 단서가 되는 선의 조사祖師의 구체적인 말이나 행동)이 있습니다. 한 승려가 조주 선사에게 묻습니다.

"저는 승당에 막 들어온 사람입니다. 수행을 어떻게 해 나가면 좋을지, 부디 가르침을 주십시오."

조주 선사가 답합니다.

"임자는 아침밥을 드셨소?"

승려는 "그렇습니다."라고 답합니다. 그러자 선사가 이어서 이렇게 말합니다.

"그렇다면 (식사를 한) 바리때를 씻어 두시오."

이 문답으로 승려가 도를 깨달았다는 내용이 '조주세발'이라는 제목의 공안입니다. 조주 선사가 하고자 한 말은 무엇이었을까요. 특별한 무언가를 하는 것이 수행이 아니다. 어느 순간(즉금)이건 해야 할 일이 있다. 밥을 먹었다면 사용한 바리때를 씻는 일이 바로 그것이다. 그렇다면 그 일에 일심一心하면 된다. 선사는 이런 말을 하고 싶었을 것입니다.

늘 '지금' 해야 할 일을 정성을 기울여 해 나간다. 그것의 축적이 삶입니다. 일을 하고 있는 '지금'은 일에, 개인 시간을 즐기고 있는 '지금'은 그것에 집중하면 됩니다.

해야 할 자기의 일에 정성을 기울이고 전력을 집중하다 보면, 남과 비교를 할 '겨를'이 없습니다.

"그 사람이 좋은 결과를 내지는 않을까?"

이런 생각은 하지 않겠지요. '지금'을 소중히 하며 비교의 울타리 바깥에 있을 수 있습니다. '비교하지 않는' 것 이상의 묘법은 없습니다. 어쨌든 '지금'입니다. 시점을 거기에 똑바로 두고 자신을 통째로 투입하시기 바랍니다.

해야 할 자기의 일에

정성을 기울이고 전력을 집중하다 보면,

남과 비교를 할 '겨를'이 없습니다.

5 자신이 '도움이 될' 때를 기다린다

충실감을 가지고 삶을 살고 싶다. 누구나 그런 삶을 원합니다. 그렇다면 충실감을 가지는 때는 언제일까요. 사람에 따라 다르겠지만 그럼에도 모든 사람이 충실감을 가지는 때는 내가 남에게, 혹은 세상에 도움이 되었다는 실감이 들었을 때가 아닐까요.

반대로 도움이 되지 못했다고 느끼면 충실감도 가질 수 없으며, 살아 있는 기쁨도, 행복도 느낄 수 없을 것입니다. 더욱이 그런 자기를 허무하게 보거나 한심하게 생각하기도 하겠지요.

가령 직장에서 상사에게 이런 말을 들었다면 어떨까요?

"더 제대로 하란 말이야. 이거 참, 아무런 도움이 안 돼서야."

'도움이 되지 않는다'는 선고를 받은 것입니다. 기운이 빠지는 일이지요. 열등감이 단숨에 밀어닥쳐 올지도 모릅니다. 그러고 보니 이런 말이 있습니다.

'하로동선夏爐冬扇.'

하로는 여름의 난로를 말하며, 동선은 겨울의 부채를 말합니다. 더운 여름에는 난로가 필요 없으며, 추운 겨울에는 부채가 필요 없지요. 그래서 도움이 되지 않는 물건, 무용장물을 뜻합니다.

그런데 이 뜻을 더 파고들면, 여름에 쓸모없는 난로도 철이 바뀌어 겨울이 되면 없어서는 안 되는 물건이 된다. 겨울에 필요가 없는 부채도 여름이 도래하면서 유용한 물건이 된다는 해석을 할 수 있습니다.

도움이 되지 않는 것은 마침 시간이 맞지 않았기 때문입니다. 도움이 되는 시간은 반드시 다가옵니다. 때로는 도움이 되지 않으면 지탄을 받기도 할 것입니다. 그러나 장소나 국면이 바뀐다면 강력한 전력으로 평가받을 시간도 반드시 찾아옵니다.

누구에게나 자기가 도움이 되지 않는다고 느끼는 일이 있을 것입니다. 그런데 그렇다고 해서 굴복만 하고 있어서는 안 됩니다. 나의 시간이 아직 도래하지 않았노라. 그렇게 받아들이면 됩니다. 그리고 다가올 '나의 시간'을 향해 자기 연마를 게을리 하지 않는 것입니다.

부정적으로 돌아서려는 마음을 긍정적으로 바꾸어 간다. 이것이 선의 가르침이자 선적인 삶의 자세입니다.

6 주어진 생명을 그대로 살아간다

조금 엉뚱한 질문을 해 보겠습니다. 여러분의 생명은 누구의 것일까요. 대답은 어렵지 않게 상상할 수 있습니다.

"제 생명이요? 제 거 아닌가요?"

대부분은 그렇게 대답하시지 않을까요. 그렇다면, 생명을 유지해 주는 자기의 심장을 스스로 멈추거나 움직일 수 있습니까? 몸속에 피가 도는 것을 멈출 수 있습니까? 위나 장과 같은 내장은 어떻습니까.

무엇 하나 스스로 자유롭게 할 수 있는 것이 없습니다. 조동종의 개조인 도겐道元 선사의 말씀 가운데 이런 것이 있습니다.

'안횡비직眼橫鼻直.'

눈은 가로로 달려 있으며 코는 똑바르게 달려 있다는 뜻입니다. 스물넷의 나이에 중국 송나라로 건너간 도겐 선사는 이 '달관'의 말씀을 안고 귀국합니다. 눈은 가로, 코는 세로라는 것은 당연함을 뜻합니다. 도겐 선사는 이 '당연함'이라는 것이 진리이자 불법의 진수이기도 하다고 말씀하셨습니다.

심장이 뛰는 것도, 피가 도는 것도, 눈이 가로로 있고 코가 세로로 있는 것도 우리가 그렇게 하는 것이 아니라 당연하게 그렇게 되어 있다. 불교에서는 이를 '불성佛性'이나 '진여眞如', 혹은 '붓다'라고 말합니다만, 저는 이를 현대인도 알기 쉽도록 '대우주의 진리'라고 표현하고 있습니다. 우리의 힘이 미치지 않는 커다란 힘이 그렇게 해 주고 있다는 것입니다.

이를 깨닫는다면 생명은 결코 자기의 것이 아니라, 보이지 않는 힘에 의해 주어진 것이라는 생각이 들지 않으십니까?

여러분의 생명은 저마다 고유하게 주어진 것입니다. 때문에 주어진 것을 그대로 받아 소중히 여겨 나가면 됩니다. 하지만 간혹 한눈을 팔고 말지요.

"그녀는 정말 예뻐. 나도 좀 더 이목구비가 반듯했으면 좋겠는데."

"저 녀석은 스타일이 참 좋아. 나는 배가 나왔는데…."

남에게 주어진 것을 부러워하거나 시샘하는 것. 주어진 자기의 생명에게 실례라는 생각은 들지 않으십니까.

"오리의 정강이가 짧을지언정 이를 이어 보탠즉 근심이리라. 학의 정강이가 길지언정 이를 자른즉 슬픔이리라.*"

오리의 다리가 짧다고 해서 잇대어 길게 만들어 주면 오리는 그것을 근심하게 된다. 학의 다리가 길다고 해서 잘라 짧게 만들어 주면 학은 그것을 슬퍼하게 된다는 뜻입니다. 주어진 생명을, 그 형체를 그대로 하여 살아가는 것이 그 무엇보다도 자연스러운 삶입니다.

한눈팔지 않으며, 자기에게 주어진 생명을 그대로 소중히 여기며 있는 힘껏 살아가지 않으시겠습니까?

---

* 《장자莊子》의 한 구절.

7 머리로 생각하기보다 우선 행동한다

현대인은 끊임없이 쏟아지는 정보에 노출되어 있습니다. 물론 다양한 정보가 간단히 손에 들어오는 것은 편리합니다. 그러나 저는 그 폐해를 바라볼 필요도 있다고 생각합니다.

가령 대화가 서툰 사람이 이를 극복하려고 한다고 합시다. 대화 기술에 관한 정보는 세상에 차고 넘칩니다. 그것은 저마다 다른 대화 노하우를 전개하고 있지요. 여기서 고민에 빠지고 맙니다.

"이 노하우가 좋아 보이는군. 아니, 아니야. 이게 더 실천적일지도 몰라. 잠깐, 이런 방법도 있나….”

이런 상황입니다. 그러나 머리로 아무리 생각한들 대화가 숙달되지는 않습니다. 남과 직접 대화를 하고, 실패하거나 창피를 당하는 가운데서 실력은 느는 것입니다.

'선즉행동禪卽行動.'

이런 말이 있듯이, 선은 생각하기보다 우선 행동하라는 가르침을 주고 있습니다. 교토 묘신지妙心寺를 세운 간잔에겐關山慧玄 선사에게 다음과 같은 일화가 전해집니다.

간잔 선사가 초라한 집에서 제자들과 살던 때의 일입니다. 갑자기 비가 내립니다. "빗물을 받을 만한 것을 가지고 오너라." 선사는 제자들에게 그런 분부를 내립니다. 빗물을 받을 만한 것을 찾아 여기저기 흩어진 제자들 가운데서, 한 제자가 대뜸 소쿠리를 내밉니다.

소쿠리로는 물론 빗물을 받을 수 없지요. 다른 제자들은 "소쿠리를 가져오다니 바보구나. 스승님께 분명 혼나겠지."라고 생각했습니다. 그러나 간잔 선사는 소쿠리를 내민 그 제자를 칭찬한 것입니다.

빗물을 받는 데는 무엇이 좋을까 하고 머리로 생각하고 있으면 곧장 움직일 수 없습니다. 어쨌든 우선 움직인다. 움직인 결과, 그것이 잘못이었다면 다음 수를 쓰면 된다. 간잔 선사는 그런 말씀을 하고자 한 것입니다. 이는 선의 사고방식 그 자체입니다.

남아도는 정보는 움직임을 더디게 하는 하나의 원인이 되었습니다. 앞에 든 대화의 예도 그렇습니다만, 정보를 과도하게 모으기 때문에 생각에 지치게 되며, 또한 망설이게 되며 움직이지 못하는 것입니다.

그러나 움직이지 않는 한, 그것이 어떤 결과를 가져올지는 체감할 수 없습니다. 체감은 자기를 성장시키는 원점입니다. 머리로만 생각하고 움직이지 않는다는 것은, 성장할 기회를 놓치고 있는 노릇이라고 해도 결코 과언이 아닙니다. 이는 깊이 명심할 필요가 있다고 생각합니다.

8 평가는 듣고 흘려버리면 된다

무슨 일에든 반드시 따르는 것이 평가입니다. 학창시절에는 시험 성적으로 평가를 받고, 직장에서는 성과로 평가를 받지요. 세상이 그렇게 되어 있으니 자기의 평가에 민감한 것도 이해는 됩니다.

그러나 한 가지 알아주셨으면 하는 것은, 평가란 '남'이 '제멋대로' 하는 것이라는 점입니다. 가령 성과지상주의인 상사는 매상을 높이는 직원을 높이 평가할 것입니다. 그 이외의 일은 꼼꼼하지만 매상은 잘 올리지 못하는 직원의 평가는 낮겠지요.

그런데 상사가 일에 치밀함과 꼼꼼함을 요구하는 유형인 사람으로 바뀌면 상황이 바뀝니다. 매상을 높이는 데만 혈안이 된 직원의 평가는 떨어지고, 꼼꼼히 일에 임하는 직원의 평가는 오르지 않을까요.

똑같은 사람에 대한 평가가 그것을 내리는 사람에 따라 뒤바뀐다. 일에서만이 아니라, 이는 일상적 상황에서도 얼마든지 있으리라고 생각합니다. 가장 가까운 예를 들자면, 행복하게 연애를 하던 중에는 '멋진 사람'이었던 상대가, 관계가 틀어지기 무섭게 '나쁜 사람'이 되기도 합니다.

평가란 그 정도가 '모호'한 것입니다. 그런 것에 민감하게 반응하며 심란해하고, 우왕좌왕하는 것이 어리석다고 생각되지는 않으십니까.

여러분은 한 10년(20년?) 전 일본에서 유행한 다음 말을 아시는지요.

"해님이 보고 계셔."*

사실 이 말은 예전에 일본인의 행동을 규정했습니다. 해님이 보고 계시니 이런 행동은 할 수 없다. 보고 계신 해님에게 부끄럽지 않게 살아가야 한다. 게으름을 피우면 보고 계신 해님에게

---

* お天道様がみている.

면목이 없다….

이 말은 이런 식으로 쓰였습니다. 일본인의 높은 윤리관과 조심스럽고 억제된 행동은 해님을 의식하며 길러졌다고 해도 틀린 말이 아닐 것입니다.

해님은 물론 태양을 뜻합니다. 그러나 그뿐 아니라 대우주의 진리, 도리를 가리키기도 합니다. 조금 더 우리 몸에 와 닿는 말로 하자면, 안에 있는 '양심'이 될 수도 있습니다.

무엇을 할 때이건 의식해야 할 것은 남이 제멋대로 내린 평가가 아니라, 해님의 시선, 다시 말해 양심일 것입니다. 나의 이 일이 높은 평가를 받을 수 있을지가 아니라, 해님이 보시기에 부끄럽지 않을지, 양심에 어긋나는 데는 없을지를 늘 질문해 가는 것입니다.

그 자세를 확실히 다잡으시기 바랍니다. 그러면 평가는 저 멀리 뒷전으로 밀려나며, 차분하고 여유롭게 살아갈 수 있습니다.

9 삶의 '주인공'으로 살아가고 있는가

여러분은 지금껏 삶에서 다양한 장면과 국면을 경험해 오셨을 것입니다. 그렇다면 혹시 거기서 본인이 '주인공'이라고 느끼신 적이 있습니까?

"나는 아무래도 주인공감은 아니라서 어떤 장면에서도 조연만 했던 거 같아."

"남이 주인공이 된 건 봤지만, 내가 여태 그런 존재가 된 기억은 없어."

이런 대답이 많지 않을까 합니다. 주인공이라고 하면 집단 내의 중심적 존재라는 의미로 이해하는 사람이 대부분입니다. 그런데 사실, 주인공은 선어입니다. 또한 그 뜻이 일반의 이해와는 다릅니다. 선에서는 주인공과 관련해 다음 공안이 잘 알려져 있습니다.

'서암주인공.'

중국 당나라 시대에 서암사언이라는 선승이 있었습니다. 서암 선사는 매일같이 스스로 문답을 했습니다. 자기에게 "주인공(으로 있는가)?" 하고 묻고는 스스로 "네." 하고 답했던 것입니다.

물론 여기서의 주인공은 중심적 존재라는 뜻이 아닙니다. '본래의(진실한) 자기', '자기 안에 있는 불성을 깨달은 자기'가 주인공의 뜻입니다. 현대적으로 말하자면 계산이나 타산, 거짓 따위에서 벗어난 청아한 자기라고 해도 좋을지 모르겠습니다.

때문에 선에서 말하는 주인공은 중심적 존재라는 자리가 아닙니다. 언제 어디서나, 설령 조연이건 단역이건 그곳에서 계산이나 타산, 거짓으로부터 벗어난 자기를 다하고 있다면 누구나 주인공인 것입니다.

서암 선사는 늘 "그러한 자기 자신으로 있는가?"라고 묻고, "네."라고 답한 것입니다. 바쁜 일상 속에 있다 보면 자기 자신을 잃기 쉽습니다. 그렇기에 간혹 "주인공?"이라는 질문이 필요하지는 않을까요. 질문을 하며 (본래의) 나로 퍼뜩 돌아올 수 있으니 말입니다. 또한 앞서 소개해 드린 조주 선사는 이런 말씀도 남겼습니다.

"자네는 일이시一二時에 부림을 받고, 노승은 일이시를 부릴 수 있노라."

일이시란 하루 스물네 시간을 말합니다. 한 승려가 조주 선사에게 묻습니다. "하루 스물네 시간을 어떤 마음 자세로 보내면 좋겠습니까?" 이에 대한 답이 앞서 나온 말씀이었습니다.

시간에 부림을 받는다는 것은 주인공으로서 그 시간을 보내고 있지 않다는 것, 시간을 부릴 수 있다는 것은 온전히 주인공이 되어 그 시간을 보내고 있다는 것이라고 해도 좋을 것입니다.

'주인공'이라는 말을 다시금 곱씹으며, 가끔은 스스로에게 질문을 던집시다.

10 실패나 좌절은 '발견'이다

실패나 좌절은 삶에서 늘 따릅니다. 그런데 거기서 "나는 안 돼!"라고 생각해 버리면, 더 깊은 수렁에 빠질 뿐입니다. 저는 이를 '패배의 스파이럴'이라고 부르고 있습니다. 일단 사고가 마이너스로 기울면 점점 마이너스 방향으로 증가해 갑니다.

실패했다고 해서, 또한 좌절을 맛보았다고 해서 목숨까지 빼앗기지는 않는다. 이렇게 생각하는 것이 좋겠습니다. 이는 결코 안이한 낙관론이 아닙니다. 앞서 '본래무일물'이라는 선어에 관해 말씀 드렸습니다만, 무엇 하나 가지지 않은 것이 사람의 본모습입니다. 실패나 좌절로 무언가를, 혹은 전부를 잃었다고 해도,

그것은 다만 본모습으로 돌아간 것일 뿐이지 않을까요?

'무일물중무진장無一物中無盡藏.'

이 선어는 아무것도 없기 때문에 거기에는 무한한 가능성이 있음을 말하고 있습니다. 이는 실패나 좌절에 의해 무언가를 잃으면서 오히려 새로운 가능성이 열린다는 뜻으로 받아들일 수도 있지 않을까요.

인간의 능력은 고작 이십 몇 퍼센트밖에 쓰이지 않는다고 합니다. 성장 잠재력은 방대하지요. 지금보다 능력을 일깨우면 얼마든지 가능성은 커질 것입니다.

실패나 좌절을 그 가능성의 기회로 보면 됩니다. 발명왕으로 불린 토머스 에디슨은 이런 말을 했습니다.

"나는 실험에서 한 번도 실패를 하지 않았다. 그 방법으로는 잘 되지 않는다는 것을 발견했을 뿐이다."

실패나 좌절은 그 잘 되지 않는다는 것을 '발견'하는 것입니다. 때문에 그 원인을 정확히 검증하면 잘 되는 방법을 반드시 찾을 수 있습니다. 업무에서 뜻대로 결과가 나오지 않았을 때는 "아, 헛수고였구나."라며 낙담하지 않고, "원인이 어디에 있었을까?"를 곰곰이 생각하면 됩니다.

"졸속으로 밀어붙였었나. 좀 더 신중히 해야 했어."

"막판에 뒷심이 부족했어. 설득 자료를 더 모아야 했어…."

원인이 분명해지면 두 번 다시 그 전철을 밟지 않습니다. 다음에는 더 신중을 기해 설득 자료를 충분히 갖추고 임하게 되겠지요. 이는 일의 능력이 한 가지 열린 것, 가능성이 커진 것이라고 할 수 있습니다.

연애에 실패했을 때도 그 원인을 찾으면 배려가 부족했다, 독점욕이 너무 강했다, 상대의 호의에 지나치게 매달렸다 등등 생각나는 점을 분명 발견할 수 있을 것입니다.

그 점을 고쳐 나가면 다음에 더 '좋은 사랑'이 생길 것입니다. '차여 버린 처량한 나'로 계속 있을 수는 없는 노릇입니다. 실패나 좌절을 했다면 반드시 '발견'을 기쁘게 여기시기 바랍니다.

3장

남보다 위이고 싶다는 잠재의식을 끊는다

1 열등감과 우월감은 동전의 양면

열등감과 우월감은 모두 '비교'의 산물입니다. 가까운 예로 옆집과의 비교가 있습니다. 옆집이 새 자동차를 샀다, 우리는 오래된 연식 그대로인데…. 이런 상황을 비교하기 때문에 열등감이 생기는 것입니다. 우리 아이가 명문고에 합격했다, 옆집 아이는 불합격인데. 둘을 비교하며 이번에는 우월감이 생깁니다. 어디를, 무엇을 비교하는지로 열등감과 우월감은 언제든 뒤바뀝니다. 동전을 던져 앞면이 나오거나 뒷면이 나오는 것과 같습니다.

남과 비교해 내가 '위'라고 느끼면 조금은 안심감 혹은 만족감이 들지도 모르며, '아래'라는 느낌을 가지면 불안함 혹은 불만을 안게 될지도 모릅니다.

그러나 위를 보아도 끝이 없고 아래를 보아도 끝이 없는 것이 세상이기 때문에 비교를 멈추지 않는 한, 사람은 열등감과 우월감 사이를 오가게 됩니다. 조바심이 나며 차분해질 겨를이 없습니다.

'일체중생실유불성一切衆生悉有佛性.'

이 세상의 살아 있는 모든 사람에게는 불성이 갖추어져 있다는 뜻입니다. 누구에게든 동등하게 불성이 있다는 것이지요. 그렇다면 위와 아래로 비교할 수는 없지 않을까요.

"저 녀석의 불성보다 내 불성이 더 빛나."

"내 불성은 저 사람의 불성보다 못해."

이런 비교 자체가 무의미하기 때문입니다. 불성에는 위나 아래, 우열이 있을 수 없기 때문입니다. 이를 깨닫는 것이 중요합니다. 그런 뒤에 자신의 불성을 이끌어내는 데 힘쓰는 것입니다.

그 즈음에 필요한 존재가 좋은 스승입니다. 선의 수행에서는 존경할 수 있는 스승 밑에서 수행을 거듭해 가는 일을 말합니다. 일반적으로 해석하면 자기가 존경하는 사람, 매력을 느끼는 사람과 교제하고 이야기를 듣는 일에 해당할 듯합니다.

단, 마음에 두어야 하는 점은 아무리 훌륭한 말을 들을지라도 그 이해나 곱씹음은 자기 그릇의 범위 안에서만 할 수 있다는 것입니다. 그릇이 작으면 상대가 하는 말의 일부밖에 이해하지 못합니다. 때문에 그릇을 넓혀 나가는 노력을 하는 것이 중요합니다.

구체적으로 말하면 "알겠다!"라고 생각하지 않는 것입니다. 표면적인 의미만을 파악하고는 전부를 안다고 믿지 않을 것. "더 깊은 의미가 있을지도 모른다."라고 생각하며 늘 말의 배경에 있는 것을 생각합시다. 표현을 바꿔 겸허하게 경청하는 자세를 잃지 않는 것이라고 해도 좋을 것 같습니다. 이로써 그릇은 넓어지며, 이해나 곱씹음의 정도도 높아지는 것입니다.

"옥은 닦지 않으면 빛나지 않는다."

이는 도겐 선사의 말씀입니다. 옥이란 불성이면서 그릇이기도 합니다. 불성을 이끌어내고, 그릇을 넓혀 가려면 게으름 피우지 않고 계속해서 닦아 나가야 합니다. 스승으로 정한 사람과의 교제를 소중히, 또 소중히 여겨 나가시기 바랍니다.

2 번뇌가 많은 것이 나쁜 것은 아니다

연말에 제야의 종을 백 여덟 번 치는 것은 사람에게는 그 수만큼의 번뇌가 있어 그것을 떨쳐내기 위함이라고 전해집니다. 사람이 살아 있는 한 번뇌는 따르겠지요. 그 가운데는 이런 사람도 있을지 모릅니다.

“가지고 싶은 것이 있으면 바로 사 버리고, 남이 평가받으면 기운이 빠지고 시샘해 버린다. 거꾸로 내가 평가받았을 때는 하늘을 나는 것 같다….”

욕심을 억누르지 못해 열등감이나 우월감(망상)을 쉽게 가지는 모습, 말하자면 번뇌에 뒤덮인 상태입니다. 이래서는 내면의 불성을 깨달을 수 없다는 생각이 들지도 모릅니다. 하지만 선에는 이런 말이 있습니다.

'이다불대泥多佛大.'*

진흙이란 두말할 것 없이 번뇌를 가리킵니다. 번뇌가 많으면 그만큼 큰 불성을 깨달을 수 있음을 이 선어는 말하고 있습니다. 단, 번뇌에 뒤덮인 자기를 그대로 둔 채, 멍하니 나날을 보내고 있어서는 불성을 가린 마음의 진흙을 떼어낼 수 없을 것입니다. 불성을 깨닫기 위한 단서는 아래의 선어에 있습니다.

'방하착放下著.'

버리고, 버리고, 다 버리라는 것이 그 뜻입니다. 물론 단번에 다 버릴 수는 없습니다. 그러나 하나씩, 하나씩이라면 버려 갈 수 있지 않을까요.

가지고 싶다는 생각이 들었을 때 바로 사지 않고, 한 걸음을 참으며 그것이 정말로 필요한지를 생각해 봅시다. 그러면 "그래, 이번에는 그만두자."라는 마음이 들지도 모릅니다.

남이 높은 평가를 받아 열등감에 빠질 듯할 때, 크게 한 번 숨을 쉬고는 "나도 열심히 해야지."라는 방향으로 생각을 고쳐 봅시다. 이로써 마음이 한결 가벼워질지도 모릅니다.

---

* 많은 진흙을 써서 불상을 만들면 그만큼 큰 불상이 됨.

자만하는 나 자신의 모습을 조금 떨어진 데서 객관적으로 바라봅시다. 그러면 그 모습이 우스꽝스럽게 보일지도 모릅니다.

이러한 행동이 진흙을 조금씩 떼어내고, 번뇌를 하나씩 버리는 일로 이어집니다. 서두르지 않아도, 조바심내지 않아도 좋습니다. 가능한 부분부터 하나씩 버려 나가지 않으시겠습니까?

3 지위나 직함도 수명은 3년

현직에서 은퇴한 사람들의 모임에서는 꼭 다음과 같은 이야기가 나온다고 합니다.

"사실 저는 ○○회사(유명 대기업)의 임원으로 있었는데, 현역일 때는 늘 일, 매일이 일이었죠."

"저는 ○○대학교에서 교편을 잡았어요. 이제 제자들이 유명 대기업에서 한 자리들을 맡고 있어요."

과거의 영광이 대화의 도마에 오릅니다. 기업에서 요직에 있던 일, 대학교수로서 우수한 인재를 세상에 보낸 일은 모두 사실일 것이며 훌륭한 경력임은 틀림없습니다.

그러나 그것은 모두 과거의 이야기이며, 현재의 자신은 그때와 완전히 다릅니다. 백번 양보해서 한두 번은 과거의 자기를 말하며 희미한 우월감에 젖는다고 하더라도, 그 이야기만 주구장창 해서는 듣는 사람이 남아나지 못합니다.

"또 그 얘기세요? 벌써 질릴 만큼 들었습니다. 귀에 딱지가 앉을 지경이군요."

분명 이렇게 될 것입니다. 주변에서 거북스러워하는 존재가 되는 모습이 눈에 선하네요. 저는 '물건'에 관해서 자주 이런 말을 합니다. 옷이건 무엇이건 3년 동안 한 번도 입거나 쓰지 않았다면 이제 두 번 다시는 입을(쓸) 일이 없을 테니 처분해야 한다고 말이지요.

지위나 직함에 관해서도 마찬가지일 것입니다. 그 자리를 물러나 얼마 되지 않은 동안에는 무심결에 말이 나올 수도 있습니다. 그러나 수명은 겨우 3년입니다. 그 기간이 지나면 과거의 영광을 말하는 것은 스스로 봉인해야 합니다. 이것이 흉하게 보이지 않는 삶의 자세의 기본입니다.

'이금而今.'

이 선어는 소중한 것은 지금뿐이며, 그런 지금을 단지 열심히 살라는 뜻입니다. 뒤집어 말하면, 과거(의 영광)에 얽매여서는 안 된다는 뜻입니다. 걸핏하면 과거를 거론하는 것은 지금이 충실하지 않기 때문일 것입니다. 본인으로서는 영광을 이야기하는지 모르겠으나, 주위에서 보면 과거에 연연하는 것밖에 되지 않습니다. 우월감은 본인만이 가질 뿐이며, 주위에서 보면 '불쌍한 사람'밖에 되지 않습니다. 이를 꼭 알아주시기 바랍니다.

살아가는 즐거움이나 기쁨도, 지금을 충실히 하는 데서밖에 구할 수 없습니다. 지위나 직함에서 떠났다면, 그 시점부터 (그러지 못하겠더라도 하루 빨리) 마음을 확 갈아 치웁시다. 그러고는 지금 하고 싶은 일, 지금 해야 하는 일에 시선을 고정합시다.

그 일을 찾는 효과적인 방법은 자기가 어렸을 적에 좋아했거나 몰두했던 일을 떠올리는 것입니다. 가령 학교가 끝나고 집에 오면 가방을 놓고 밖으로 뛰어나가 해질녘까지 뛰어논 사람은 야외 활동을 좋아할 것입니다. 등산이나 선사禪寺 순례, 명승고적 나들이, 혹은 농사와 같이 몸을 움직이는 일을 시작해 보면 머지않아 최선을 다하면서 충실한 지금을 실현할 수 있지 않을까요.

어렸을 적에 그림 그리기를 좋아했다면 그림 교실에 다녀 보는 것도 좋겠습니다. 잠들어 있던 그림의 마음繪心이 눈을 뜨며 매력에 빠질 가능성이 큽니다. 그것이 발전해 친구, 지인에게 그림을 곁들여서 시후 문안을 보낼 수 있다면, 이야말로 삶의 새로운 즐거움을 발견하는 것입니다.

그렇다면 오래 전 수명이 다한 과거에 매달려 "사실 현역 시절에…."라는 말을 하는 사람이 될지, 아니면 지금을 똑바로 보며 "서툴지만 그림 그리기가 너무 재미있어서…."라는 말을 하는 사람이 될지, 답은 이미 나와 있군요!

지위나 직함에서 떠났다면,

그 시점부터

마음을 확 갈아 치웁시다.

그러고는 지금 하고 싶은 일,

지금 해야 하는 일에

시선을 고정합시다.

4 고생한 것보다 극복한 것에 가치가 있다

앞선 절에서는 과거의 영광을 이야기하는 어리석음에 관해 말씀 드렸습니다. 그와는 반대로 자기가 경험한 고생이나 불행을 말하고 싶어 하는 사람도 있습니다.

"내가 어떤 생각으로 대학을 그만뒀는지 너희들은 모를 거야."

"그런 식으로 헤어지면 얼마나 상처가 큰지, 아무 일 없다는 듯 연애를 하는 네가 알 리 없지."

이런 말들입니다. 나는 이토록 쓰라린 경험을 해 왔고, 괴로운 생각을 해 왔다고 말하며, 그런 경험을 하지 않은 사람보다 '우위'에 서려는 것입니다. 고생 자랑, 불행 자랑이라고 하면 좋을까요.

이 유형의 사람은 가장 중요한 것을 깨닫지 못하고 있습니다. 남들이 맛본 적 없는 고생이나 불행을 경험했다는, 그 일에 가치가 있는 것은 아닙니다. 그런 일을 떠안으며, 이를 악물고 꾹 참으면서 어떻게든 극복해 온 것. 가치가 있는 것은 바로 그 대목입니다. 이로써 그 일은 삶의 양식으로도, 자기의 성장으로도 이어질 것입니다.

고생이나 불행을 통해 사람으로서 점점 성숙해지는 나 자신. 이를 깨달아야 할 것입니다. 그러면 일부러 고생이나 불행을 말하지는 않습니다.

고학한 경험으로부터는 배우는 일의 소중함을 절실히 느꼈을 것입니다. 그러면 늘 진지하게 배워 가는 그 자세로 살아가면 됩니다. 상처를 받은 경험이 있다면 남의 괴롭고 안타까운 사정을 누구보다도 잘 이해할 수 있겠지요. 그것을 실천하며 살아가면 됩니다.

꾹 다물고 말하지 않는다. 이것이 고생이나 불행을 '활용하는' 유일한 방법입니다. 아울러 고생이나 불행이 길러 준 인간적 성품이나 섬세한 배려심과 같은 '열매'를 자연스러운 형태로 말과 행동에 녹여 간다. 바로 여기에 삶의 아름다움과 참된 맛이 있다고 생각합니다.

"저 사람은 산전수전을 다 겪었다."라는 말이 있습니다. 그 사람은 자기의 고생담을 퍼뜨리고 다닙니까? 불행했던 일을 특별히 말합니까? 결코 그러지 않을 것입니다. 천연스러운 말이나 행동이 고생이나 불행을 극복해 온 그 사람의 풍부한 경험을 짐작하게 하기 때문에 "저 사람은 산전수전을 다 겪었다."라는, 사람으로서 최상급의 칭찬이 주변에서 나오는 것이 아닐까요.

고생이나 불행을 자랑한들 행복해질 사람은 아무도 없습니다. 오히려 자기 자신이 거기에 붙잡혀 묶이고 맙니다. 고생이나 불행을 십분 활용하지 못한 채, 무거운 짐으로만 지며 산다고 해도 좋을 것입니다.

그런 삶은 여러분도 극구 사양하시겠지요.

5 자기의 그릇 이상으로 보이는 일은 없다

사람은 다양한 인간관계를 가지고 있습니다. 그 인간관계 속에서 대개 나 자신이 연마되고 단련됩니다. 다만 그 전제는 스스로에게 연마해야겠다, 단련해야겠다는 의지가 있고, 그것을 위한 노력도 한다는 것입니다.

그런데 그 가운데는 이런 사람이 있습니다.

"내가 ○○ 전무님하고 친해. 차기 사장 후보인 분이지. 원한다면 다음에 식사 자리를 마련해 줄 수도 있고."

사내의 실력자가 자기의 뒷배임을 자랑하는 말입니다. 사내의 인물만이 아닙니다. 정치인이나 연예인, 운동선수와 같은 유명인사와 친하다고 함부로 선전하는 사람도 같은 유형입니다.

이는 그 사람과의 친분을 어필하며 우월감을 가지려는 의도일 것입니다. 과연 그것이 뜻대로 될까요. 한 가지는 확실합니다. 누구를 알고 있건 누구와 친하건, 그로써 자기의 가치가 오르거나 내려가지는 않는다는 것입니다.

사람은 자기의 그릇 이상으로는 보이지 않습니다. 실력파 전무와 아무리 절친할지라도 그것뿐이며, 자기의 인격이 연마되고 업무 능력이 단련되지는 않습니다. 오히려 친분을 내세울수록 본뜻을 빗나가게 됩니다. 주변의 목소리가 들리지 않으십니까.

"입만 열면 전무, 전무. 저런 게 '가신'이겠지."

주변에서는 다 알고 있습니다. 본인은 그릇을 크게 보일 요량이었겠지요. 그러나 주변에서는 기껏해야 '가신 정도의 그릇'으로밖에 보지 않습니다. 슬프게도 이것이 현실입니다.

석가께서는 입멸하시기 직전에 제자인 아난다와 이런 문답을 주고받으셨습니다. 아난다가 여쭙습니다.

"당신이라는 스승을 잃고 우리는 무엇을 의지로 삼아 살아가면 되겠습니까."

이에 대한 석가의 대답은 아래와 같았습니다.

"자등명自燈明."

자기를 의지로 삼아 살아가라는 뜻입니다. 석가께서는 이어

"법등명法燈明.", 본인께서 설한 가르침을 의지로 삼으라고도 말씀하셨습니다만, 기본적으로는 자기를 의지로 삼을 수밖에 없습니다. 자기를 의지로 삼음이란 자기를 연마하고 단련하고 그릇을 넓히는 일이 모두 자기에게(자기의 노력에) 달렸음을 뜻한다고도 생각합니다.

누군가를 의지로 삼아 그릇을 넓힐 수는 없습니다. 그런 생각은 우선 남부끄럽고 딱하지 않습니까.

6 조언이 강요가 되지 않았는가

어린 시절, 부모님에게 공부하라는 말을 듣지 않은 사람은 없을 것입니다. 자식으로서는 귀찮게만 여겨졌을지 모르겠습니다만, 이 말에는 두 가지 사정이 있다고 생각합니다.

하나는, 부모가 자기의 경험에 비추어 어릴 때부터 공부를 열심히 하는 것의 중요함을 전달하는 경우입니다. 부모 자신이 그다지 열심히 공부를 하지 않은 결과, 사회에 나와서 여러 단점을 실감했기 때문에 제 자식은 그러한 상황을 경험하지 않았으면 하는 마음으로 '공부를 권장'하는 경우가 이에 해당합니다.

이는 부모 마음에서 나온 말이므로 자식을 생각해서 한 조언이라고 해도 좋을 것입니다.

또 하나는, 공부의 결과를 바라는 경우입니다. 반에서 1등이 되기 위해, 시험을 잘 보기 위해 공부를 하라고 하는 것이 이에 해당합니다. 거기에 부모 마음이 없다고는 할 수 없습니다만, 그보다 농후한 뜻은 성적이 좋은 아이의 부모임을 본인이 자랑하고 싶다는 생각입니다.

여기에는 부모라는 우위의 입장에서 강권을 개입시켜 강요를 하는 뉘앙스가 느껴집니다. 자식으로서는 머리가 아픈 상황입니다.

이는 비즈니스 장면에서도 있지 않을까요. 가령 상사나 선배로부터, "뭐하는 거야. 자료를 모으기보다는 거래처와 약속을 잡는 게 우선이지. 빨리 연락해."라는 말을 들었다고 합시다.

그런데 일에는 스스로가 정한 순서가 있습니다. 자료를 모으고 약속을 잡으려고 하는데 덮어놓고 그렇게 말을 하면 보통은 위로부터의 (업무 방식, 순서에 관한) 강요로 받아들입니다.

한편, 상사나 선배가 아래와 같은 지침을 주었다면 어떨까요.

"사실 예전에 약속을 늦게 잡아서 낭패를 본 적이 있었지. 거래처에 연락했는데, '다음주부터 2주 정도 해외 출장을 갑니다. 공교롭게도 그 전까지의 일정은 꽉 찼네요. 며칠만 일찍 연락 주셨다면 출발 전에 뵐 수 있었을 텐데….'라고 하더군. 어쨌든 거래처와 일정을 잡는 것이 중요하다는 것을 크게 깨달은 괴로운 경험이었지."

이렇게 말하면 강요의 느낌은 싹 사라지며, 적절한 조언으로 받아들일 것입니다. 이 둘의 차이는 분명합니다. 전자는 소통 부족, 후자는 그 반대라는 것입니다.

물론 이는 상사나 선배의 문제입니다. 그러나 나 자신도 언젠가는 그 위치가 될 것이니 그 차이는 유념할 필요가 있겠습니다. 부하 직원이나 후배에게 지시를 내릴 때는 소통을 충분히 하며 배려한다. 이것이 부하 직원이나 후배로부터 "저 상사님은 자기 자리만 믿고 이래저래 말이 많아."라는 말을 듣지 않는 가장 중요한 핵심입니다.

덧붙여, 혹시 불교에 이런 말이 있다는 것을 아십니까.

'대기설법對機說法.'

기를 보고 법을 설한다는 뜻입니다. 기란 법을 설할 상대를 말하는데, 석가께서는 상대의 성격이나 기질, 이해력, 그때의 환경 등을 감안해 상대가 알기 쉽게 법을 설하셨다고 전해집니다.

소통과 배려를 기본으로 삼고서 이 대기설법도 도입하면 어떨까요. 가령 오랫동안 같이 일해 와서 속마음까지 훤한 부하 직원에게는 처음부터 끝까지 다 설명할 필요는 없을지도 모릅니다. 하나를 듣고 열을 안다는 말도 있듯이, 단적인 지시만으로도 본뜻을 이해해 줄 것입니다.

강요가 아닌 조언을 하는 것보다 더 위에 있는 방법. 그것이 대기설법입니다.

7 따돌림에 가담하지 않는 방법

따돌림이 원인이 되어 스스로 목숨을 끊는 매우 안타까운 일이 지금도 학교에서 계속 일어나고 있습니다. 학교뿐만 아니라 '무리 짓기'는 현대인의 속성입니다. 그래서 따돌림이 잘 사라지지 않는 듯합니다. 무리를 지은 사람들이 무리에 어울리지 못하거나 끼지 못한 사람을 괴롭힌다. 이것이 따돌림의 기본 구조일 것입니다.

따돌리는 무리에 있는 사람들의 마음속에는 불안감이나 공포심이 있습니다. 설령 따돌림이 바람직하지 않다고 생각해도, 무리에서 벗어나면 이제는 자기가 따돌림의 표적이 될지도 모른다는 그 불안감이나 공포심 말입니다. 때문에 본의 아니게 무리에 남을 수밖에 없을 것입니다.

어쨌든 간에 누군가를 괴롭히며 '우월감'을 가지는 일은 언어도단입니다. 이는 불안감이나 공포심의 뒤집어진 형태이기 때문에 구태여 표현하자면 삐뚤어진 안심감에 젖은 데 지나지 않는다고 할 수 있을 것입니다.

따돌림은 사소한 데서 시작되는 것 같습니다. 가령 여성 모임에서 이런 말이 나옵니다.

"저기, ○○ 씨 말이야, 너무 조신한 체하는 거 같지 않아? 그런 태도, 왠지 마음에 안 들어…."

그 자리에 없는 사람의 이야기가 나옵니다. 소위 궐석재판입니다만, 여기서 "이의 있습니다!"라고 말하기는 쉽지 않은 법이지요. 그래서 한자리에 모인 사람들은 제각기 ○○ 씨의 흉을 보게 됩니다.

그러던 것이 어느덧 집단에서 ○○ 씨를 '무시'하는 따돌림으로 이어집니다. 흉을 본 사람은 이미 무리의 일원이기 때문에 그곳에서 벗어나기 어렵습니다. 그러면서 따돌림은 심해져 갑니다.

'비비 꼬인 사람들'과는 애초에 한편이 되지 않는다. 그것이 따돌리는 측에 가담하지 않는 가장 효과적인 방법입니다. 조금만 용기를 내지 않으시겠습니까? 궐석재판이 시작되려고 할 때,

"오늘은 즐겁게 마시자. 여기 없는 사람 이야기는 하지 말고."라고 말하며 못을 박을 수는 없을까요. 이로써 그 자리의 분위기는 바뀔 것입니다. ○○ 씨의 험담 모임이 될 번한 흐름이 끊기며 '건전'하고 화기애애한 여성 모임이 되는 것입니다.

그러한 따돌림의 싹을 꺾어내는 용기는 무리에 일단 들어온 뒤 그곳을 떠나는 용기에 비한다면 지극히 작을 것입니다. 그렇더라도 굉장한 가치가 있는 용기라고 생각합니다.

남을 괴롭히고 고통스럽게 하며 느끼는 '우월감'만큼 비열한 것은 없습니다. 여러분은 꼭 작은 용기를 가져 주시기 바랍니다.

8 누군가가 싫어질 때

누구에게나 뜻이 맞지 않는 상대가 있습니다. 회사나 그 어떠한 모임에서도 성격과 개성이 저마다 다른 사람들이 얽히고설켜 있으니, 그것 자체는 어쩔 수 없다고 할 수 있습니다.

하지만 그런 상대에 관한 이야기가 나왔을 때, 머리에 싫은 구석만이 떠올라 내친김에 이러저러한 말을 해 버리는 것은 좋지 않습니다. 험담밖에 되지 않기 때문입니다.

상대를 험담하며 자기를 정당화하려고 한다. 자기가 위에 있음을 보여주려고 한다. 이는 말하자면 반칙입니다. 결코 칭찬받을 행동이 아닙니다. 상대에게 할 말이 있다면 얼굴을 똑바로 보고 말하는 것이 성인의 대응일 것입니다.

일단 싫다는 생각이 들면 선입관이 생겨 상대가 하는 모든 것이 싫어집니다. 선승인 제가 말하는 것이 적절하지 않을 수도 있지만, 잘 알려진 속담인 "중이 미우면 가사도 밉다."와 같이 되는 것입니다.

뜻이 맞지 않다는 것의 근원을 더듬다 보면 별것 아닌 순간에 느낀 '싫다'라는 희미한 기억에 다다르는 일이 드물지 않을 것입니다. 그 기억이 점점 부풀어 그 사람의 모든 것이 싫어진다. 이것도 어떤 의미에서는 망상입니다.

그런데 사람은 다면적이기 때문에 나 자신이 싫어하는 점만 있는 사람은 있을 수 없습니다. 선어는 아니지만 이런 말이 있습니다.

'미점응시美點凝視.'

상대의 좋은 점만을 지긋이 본다는 뜻입니다. 자기에게 덮어쓰인 선입관을 벗어던지고 상대를 응시하면 좋은 점은 분명 찾을 수 있습니다.

"덜렁이인 줄만 알았는데 의외로 배려가 있구나."

"도도하기만 한 줄 알았는데 남에게도 꽤 관심을 가지고 있구나."

'미점'을 찾았다면 솔직히 칭찬하면 됩니다. 칭찬을 받고 싶어

할 사람은 아무도 없습니다. 또한 칭찬에는 '답례'가 꼭 따릅니다. 상대도 나의 좋은 점을 찾고 칭찬해 주게 되지요.

그러면 뜻이 맞지 않았던 사람과의 사이에도 유연함이 싹틉니다. 껄끄럽고 삐걱거리던 관계성이 유연하게 바뀌면 싫은 마음도 물론 점점 시들어 가겠지요.

실제로 개와 원숭이와 같던 사이가 무언가를 계기로 간과 쓸개를 서로에게 내보이는 사이가 되는 일은 얼마든지 있습니다. '싫어하는 사람'을 칭찬하기가 꺼려진다는 분도 계시리라고 생각합니다만, 앞서 소개해 드린 선어를 떠올려 주시기 바랍니다. '선즉행동', 별일 아닌 삶의 수행을 한다는 셈 치고 한번 해 봅시다.

9 당신을 깔보는 사람에게 어떻게 대응할까

"야, 그런 것도 못해?"

"정말 도움이 안 되네."

직장에서 이런 대사가 종종 들린다고 합니다. 말하는 사람에게는, 나는 간단히 할 수 있다, 나는 도움이 된다는 인식이 있을 것입니다. 다시 말해 남을 깔보고 하대하며 자기의 뛰어남을 보여주고 싶은 것입니다.

그러나 이것도 어리석은 일입니다. 남과 비교하지 않으면 자기라는 존재를 느끼지 못한다는 사실을 자인하는 것과 마찬가지이기 때문입니다. 나아가서는 '못 하는' 누군가를, 혹은 '도움이 안 되는' 누군가를 거론하지 않으면 자기를 스스로 인정하지 못하는 것인지도 모릅니다.

일본을 대표하는 철학자로서 교토학파로 불리는 사상 조류를 만든 니시다 이쿠타로西田幾太郎 박사는 아래와 같은 말을 남겼습니다.

"남은 남이고 나는 나이다. 좌우지간, 내가 갈 길을 나는 간다."

남이 어떻든 간에, 나는 내가 해야 할 일을 오로지 해 나갈 뿐이라는 박사의 인생관이 담긴 문언인데, 바로 이것이 산뜻하고 강인한 삶의 자세일 것입니다.

이로 미루어 보면, 남과 비교해 자기의 우위를 말하는 것은 하지하下之下. 나약한 삶의 자세의 전형이라고 할 수밖에 없습니다.

그러나 그런 사람은 주변에 충분히 있을 수 있습니다. 실제로 누군가가 나를 깔보는 이야기를 한다면 마음이 몹시 아플 것입니다. 하지만 거기에 굴복하고 있을 수만은 없습니다.

"그렇다면 할 수 있게(도움이 될 수 있게) 가르쳐 주십시오." 하고 아무렇지 않게 받아치면 됩니다. 가르침을 받아 못 하는 수준에서 할 수 있는 수준이 되고, 도움이 안 되는 수준에서 도움이 되는 수준이 되는 것. 이는 결코 창피한 일이 아니며, 깔보는 당사자도 분명 거쳐 왔을 길입니다.

이 한마디를 통해 상대가 "그래. 나도 못 하던 때가 있었고, 도움이 안 되던 시기도 있었지." 하고 깨닫는다면, 그것은 '나약한' 삶의 자세를 '강인한' 삶의 자세로 바꾸는 계기가 될지도 모릅니다. 이런 의미에서 앞서 받아친 말은 상대에게 각성을 촉구하는 한마디이기도 합니다.

한편, 이런 생각도 할 수 있습니다. 어떻게 해도 바꿀 수 없는 부분을 누가 깔본 경우입니다. 키나 외모 같은 것입니다. 지니고 태어난 것은 어쩔 도리가 없지요.

하지만 스스로 어떻게든 할 수 있는 것은 많습니다. 바로 그쪽으로 시선을 돌려야 합니다. 키는 바꿀 수 없어도 사람에 대한 따뜻함이나 배려는 깊게 할 수 있습니다.

여기서 질문! 키는 훤칠하게 크지만 따뜻함이나 배려에 '흠결'이 있는 사람, 키는 작아도 남을 감싸주는 따뜻함과 언제까지고 돌보아 줄 듯한 배려가 넘치는 사람, 둘 가운데 어느 쪽이 더 매력적일까요.

사람은 각양각색이기 때문에 키만 크면 다른 것은 상관없다고 하는 사람도 있을 수 있습니다. 그러나 후자를 매력적으로 느끼는 사람이 많지 않을까요.

누구나 뒤돌아볼 미인일지라도 행동이나 말씨에 품격이 없다면 전체적인 매력으로는 고상하고 점잖은 사람보다 아래라는 말도 충분히 나올 수 있을 것입니다.

바꿀 수 없는 것은 내버려 두고, 바꿀 수 있는 것에 노력을 아끼지 않는다. 그것이 자기를 향상시키고 인간으로서 매력을 더해 가는 길입니다. 이런 태도를 깔볼 사람이 과연 있을까요?

바꿀 수 없는 것은 내버려 두고,

바꿀 수 있는 것에 노력을 아끼지 않는다.

그것이 자기를 향상시키고

인간으로서 매력을 더해 가는 길입니다.

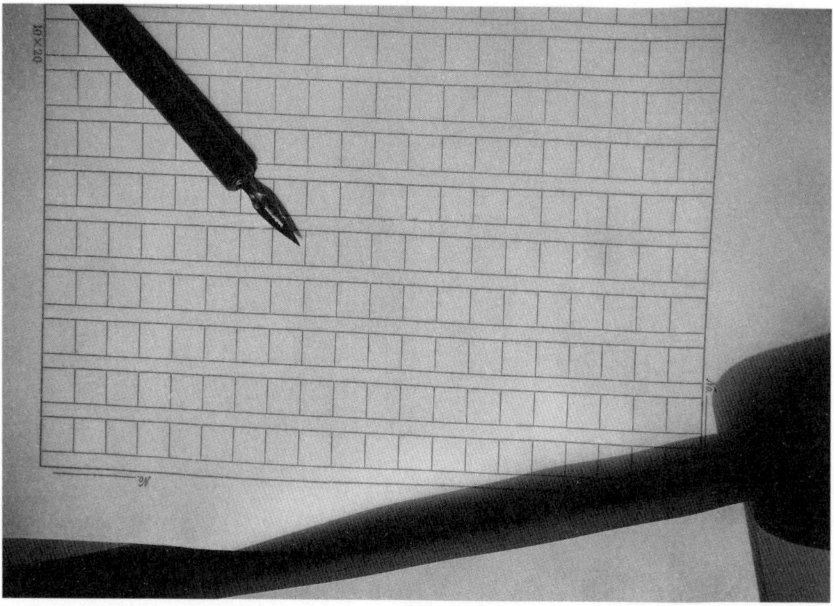

10 마음이 편안하지 않은 '마운팅'

최근 일본의 대중 매체에서는 '마운팅 여자'라는 말이 나오고 있다고 합니다. 마운팅은 원래 원숭이 등이 상대를 올라타는 일을 말하며, 아울러 자기의 우위성을 보여주는 행위를 가리킵니다. 이와 같은 현상이 주로 현대 여성들 사이에서 보인다는 것입니다.

대화 속에서 티 나지 않게, 노골적인 험담이 되지 않도록 상대를 헐뜯으며 자기가 '위'임을 어필하는 것이 그 '수법'입니다. 들은 범위 안에서 몇 가지 예를 들어 보겠습니다.

"우와, 결혼해? 축하해. 부럽네. 나는 안 되겠어. 타협을 못 하는 성격이니….”

상대의 결혼을 축복하며 부럽다고 하면서도, 상대가 적당한 수준에서 타협을 했다고 하며 깔보는 것입니다.

“화장을 어쩜 그렇게 꼼꼼하게 하니. 나는 얼굴이 이래서 화장을 하면 튀어서 말이야. 손이 덜 가는 건 좋은 거 같아.”

자기는 이목구비가 뚜렷해 화장을 할 필요가 없을 정도인데, 풀 메이크업을 하지 않으면 얼굴이 밋밋한 상대를 보니 참 딱하다는 것이 이 말의 본뜻입니다.

“네 친구들은 다 성격이 좋더라. 우리 학창시절 친구들은 모두 왠지 고지식한데. 하기야 학교가 학교니까.”

자기가 명문 학교 출신임을 상대에게 에둘러 자랑한 표현입니다.

어느 것도 표면적으로 자기의 우위성을 언급하지는 않았습니다. 하지만 그런 만큼 오히려 답답한 위화감이 남습니다. “묘하게 화가 난다.”라는 표현이 딱 맞을지도 모릅니다.

저는 상상할 수밖에 없습니다만, 마운팅 여자의 특징은 우열 짓기를 통해서만 인간관계를 맺을 수 있다는 것이 아닐까요. 그런데 늘 “어느 쪽이 뛰어날까?”, “모자랄까?”를 의식하면서 사람을 보는 것도 몹시 피곤한 작업일 것입니다. 마음이 편안해질 겨를이 없으니 말입니다.

'감응도교感應道交.'

이 선어는 구제를 바라는 사람들의 마음과 이에 응답하는 보살의 마음이 서로 통해 하나가 된다는 뜻입니다. 교제에서 중요한 것은 마음의 교제일 것입니다. 마음의 교제가 있기 때문에 사람과 교제하는 일을 뜻깊다고 느낄 수 있는 것입니다.

악의가 있는지 없는지를 떠나 결과적으로 남을 깔보는 마운팅 발언이 마음을 통하게 하는 데 적절한지 여부는 생각할 필요도 없는 문제일 것입니다. 일시적 우월감(?) 때문에 감응도교를 포기하는 것이 안타깝게 생각되지는 않으십니까.

덧붙여, 상대가 마운팅의 태도로 나왔다면 어떤 말일지라도 스치듯이 흘려듣는 것이 철칙입니다. 욱하거나 이를 가는 표정이라도 비치면, 이는 상대의 수에 걸려든 것입니다. '스치듯이'를 철저히 하여 마운팅의 효과가 전혀 없음을 상대에게 알려 주면 됩니다.

11 자신감이 있는 사람은 남의 말에 우왕좌왕하지 않는다

말이나 행동이 자신감에 가득 찬 사람이 있습니다. 그런데 그런 사람은 오히려 자기에게 자신감이 있다고 잘 표현하지 않는 것 같습니다. 마음속에는 확고한 자신감이 있어도 스스로 그것을 입에 올리지는 않는 것입니다.

꽤 오래 전에 "남자는 묵묵히~"*라고 하는 한 맥주사의 광고가 있었습니다. 묵묵히 해야 할 일을 훌륭히 해치운다. 진정으로 자신감에 가득 찬 사람은 그런 존재라고 생각합니다.

---

* 男は黙ってサッポロビール. 일본 삿포로 맥주사의 광고 카피(1970년).

한편, 우월감을 가지고 싶은 사람은 함부로 자신감을 내비칩니다.

"저 사람은 저 일이 버거운 것 같지만, 내가 한다면 단숨에 해치울 수 있어."

자기의 우위성을 말하지 않고는 가만히 있지 못하는 것입니다. 평가를 늘 의식하는 태도 역시 우월감을 가지고 싶은 사람의 특징일 것입니다. 평가가 떨어지면 우월감도 위태로워지기 때문입니다. 이 때문에 난처한 일이 생기기도 합니다.

높은 평가를 얻기 위해서라면 수단을 가리지 않을 수도 있다는 생각이 그것입니다. 가령 자기의 평가로 이어질 수 있다는 마음에 함께 일하는 팀의 일원과 공유해야 할 정보를 독점하거나, 자기보다 높은 평가를 받을 것 같은 일원의 발목을 잡거나 합니다.

그러나 자신감은 평가에 흔들리지 않기 때문에 정말로 자신감이 있는 사람은 평가에 무관심합니다. 나는 할 만큼의 일을 했다. 평가는 나중에 따르는 것이니 어떠한 결과도 수용하겠다. 이것이 자신감이 있는 사람의 기본적인 자세라고 해도 좋을 것입니다.

이로 미루어 보면, 자신감과 우월감 사이에는 큰 간격이 있음을 알 수 있습니다. 이런 선어가 있습니다.

'팔풍취부동八風吹不動.'

팔풍이라는 것은 '이利', '예譽', '칭稱', '낙樂', '쇠衰', '훼毁', '기譏', '고苦'라는 여덟 개의 바람을 말합니다. 앞의 네 개가 좋은 바람, 뒤의 네 개가 나쁜 바람입니다. 살다 보면 좋은 바람을 쐬는 일도, 나쁜 바람을 맞는 일도 있다. 그러나 어떤 바람이 불고 있을지라도 거기에 미혹되지 말고 차분한 마음으로 살아가라는 것이 이 선어의 뜻입니다.

이런 마음가짐으로 살아가는 것이 자신감이 있는 사람이며, 시시각각의 바람에 우왕좌왕 날리는 것이 우월감을 가지고 싶은 사람입니다.

4장

화내지 않고, 무리 짓지 않고, 낡히지 않는 삶의 요령

1 화내기 전에 할 수 있는 일

인간관계에서는 때로 충돌이 일어납니다. 상대의 행동에 분노를 억누르지 못하거나, 대수롭지 않은 말이 신경을 건드리거나…. 폭발하는 분노의 감정. 그런데 거기서 그 감정을 그대로 가지고 대응하면 분위기는 더욱 험악해집니다.

눈에는 눈 이에는 이가 되는 것입니다. 온갖 욕설이 난무하며 한 걸음도 물러서지 못하게 됩니다. 그 결과, 서로 조금씩 서먹해하다 멀어지고는 그 뒤의 관계에도 영향을 미칠 수 있습니다.

'냄비 기질'이라는 말이 있는 것처럼 특히 감정적이 되기 쉽고 욱하는 사람은 주의가 필요합니다. 화를 어떻게 가라앉힐지, 그 방법을 알아 두시면 좋겠습니다.

화를 표출하고 마는 것은 끓어오른 감정이 머리에 올라오기 때문입니다. 그런 머리로 대응을 하려다 보니 "무슨 말이든 되돌려 줘야 하는데…." 하는 생각이 드는 것입니다. 이때는 감정을 배에 머무르게 합시다.

이를 위해서는 깊은 호흡을 해 주십시오. 뱃속으로부터 천천히 숨을 내뱉고, 들이쉴 때도 배까지 숨을 흘려 넣습니다. 말은 이렇지만, 숨을 한계까지 내뱉으면 공기는 자연스럽게 들어오기 때문에 들숨은 의식하지 않아도 됩니다.

이것이 단전호흡인데, 좌선할 때에 하는 호흡입니다. 이 깊은 호흡을 수차례 반복하면 화는 배에 머무르며 머리에는 올라오지 않습니다. 여기에 덧붙여 '주문'을 외웁시다.

조동종 대본산 소지지總持寺의 관수를 역임하신 이타바시 고슈板橋興宗 선사로부터 이런 말씀을 들은 적이 있습니다.

"화가 났을 때는 단전호흡을 하며 마음속으로 '고마우신 분'이라는 말을 세 번 하면 좋습니다. '고마우신 분, 고마우신 분, 고마우신 분'이라고 하는 동안에 화는 어딘가로 달아나고 말지요."

이는 매우 효과적입니다. 깊은 호흡으로 '한 호흡'을 띄우고 나서 주문을 세 번. 이로써 화라는 감정은 스르륵 가라앉습니다. 주문은 물론 자기만의 것이어도 좋습니다. "기다려, 기다려, 기다려." 혹은 "괜찮아, 괜찮아, 괜찮아." 등과 같이 자기를 진정시켜 주는 말을 찾아봅시다.

내가 화를 내기 때문에 상대도 싸울 태세가 되는 것입니다. 대꾸하지 않으면 상대는 박자를 놓치지요. 전투 의욕을 잃는 것입니다. 사소한 일로 시비가 붙고, 그것이 원인이 되어 소중한 인간관계가 무너져 버리기도 합니다. 한번 무너진 인간관계를 원래대로 고치기는 매우 어렵지요.

그러니 악감정이 불타오르기 전에 그 불을 꺼 버립시다. 그러지 않아도 복잡한 인간관계를 한결 심플하게 만들기 위한 요령이 바로 이 '깊은 호흡 + 주문'입니다. 실제로 생활에 한번 도입해 보시기 바랍니다.

2 눈치를 보지 말고 기색을 살핀다

인간관계를 더 좋게 유지하는 데 빠뜨릴 수 없는 것이 상대를 배려하는 일입니다. 상대는 전혀 상관하지 않고 자기만 밀고 나가서는, 그 관계는 언젠가 막다른길에 놓입니다.

다만, 상대를 배려하는 것과 눈치를 보는 것은 엄연히 다릅니다. 눈치를 보는 이면에는 자기를 잘 보이거나 상대의 환심을 사려는 의도가 숨어 있습니다.

상사의 비위를 맞추기 위해 마음에도 없는 빈말을 하고 아부를 한다. 이런 대응이 눈치를 본 것입니다. 하지만 그런 대응의 본뜻은 다른 데 있을 것이기 때문에 그것이 스트레스가 되기도 하며 언젠가는 자기가 괴로워지겠지요.

'일념망기一念忘機.'

이 선어는 쓸데없는 일에 마음을 쓰지 않고, 모든 속셈을 버린다는 뜻입니다. 이것이 가장 후련하고 자유로운 마음의 모습입니다. 눈치를 본다는 것은 '착한 사람'이 되기 위해, 혹은 그렇게 보이기 위해 온 마음을 쓴다는 것을 뜻하기 때문에 그와는 정반대이지요. 마음이 맑지 않고 답답하기 짝이 없다고 해도 좋을 것입니다.

게다가 빈말이나 아부는 상대가 다 알아챕니다. 면전에서 지적은 하지 않더라도 "늘 요령 좋은 소리만 하는 가벼운 사람이구나."라는 생각을 상대는 이미 하고 있습니다.

'착한 사람'이 되려다 결국 신뢰만 잃게 되는 격입니다. 눈치보기는 백해무익하다고 할 수 있겠습니다.

상대를 배려한다는 것은 기색을 살피는 일입니다. 괴로운 일이나 슬픈 일이 있으면 사람은 어딘가에서 그 기색이 드러납니다. 그것을 느껴 아는 것이 중요합니다. 그러지 못하고 무신경하게 행동하면 관계에도 금이 갈 수 있습니다.

"어제 회식, 정말 좋았어. 참 재미있었지. 너도 왔으면 좋았을 텐데."

인사 대신에 그런 말을 들은 상대가 마음 한가득 괴로움을 안고 있었다면, 그 심경이 어떠할지는 쉽게 상상할 수 있을 것입니다. 마음을 터놓고 말을 나눌 수 있는 친구로부터는 분명 제외되겠지요.

“하고 싶은 얘기가 있다면 언제든 말해. 듣는 일 정도는 할 수 있으니 말이야.”

상대의 기색을 살피고 이런 말을 건넨다면, 이는 그가 치유되는 계기가 될 수도 있지 않을까요. 앞의 부주의한 대응과는 매우 큰 차이입니다.

사람의 마음은 늘 움직이고 있으며, 그 움직임에 따라 관계를 맺는 바람직한 방법도 달라집니다. 관계를 맺는 방법을 틀리지 않기 위한 토대가 되는 것이 상대의 기색을 살피는 일입니다. 여러분은 아무쪼록, 기색을 살필 수 있는 분이 되시기 바랍니다.

3 '부정하는 말'에 주의한다

사람에게는 누구나 말버릇이 있습니다. 버릇이기 때문에 스스로는 의식하지 못하지만, 이것이 뜻하지 않게 상대의 심기를 건드리기도 합니다. 여러분도 다른 사람과 이야기를 하다 왠지 모르게 기분이 언짢아진 적은 없으신지요.

가령 내 생각을 말한 뒤끝마다 상대가 이런 말을 한다면 어떨까요.

'그렇다기보다.'

마음이 흠칫하지 않으십니까? 이 말에는 '(당신이 하는 말은) 그렇지 않고'라는 뉘앙스가 있습니다. 다시 말해 자기의 의견이나 생각이 부정당하는 느낌인 것입니다. 마음이 흠칫하는 것은 이 때문이겠지요.

물론 그런 의도는 없었을 수도 있습니다. 대부분의 사람은 그 말을 단지 말문을 트는 데 쓸 뿐이라고 하겠지요. 그러나 듣는 쪽에서는 그렇지 않습니다. '그렇다기보다'라는 말을 계속 들으면 자기가 하는 말을 모조리 부정당하는 기분이 듭니다.

'오히려'도 어감이 좋지는 않습니다. 내가 열심히 한 말을 일부러 뒤집을 것은 없지 않은가 하는 생각이 들 수 있지요.

사람은 사람과 말을 주고받으며 서로의 마음을 터놓기도 하고 교제를 심화하기도 합니다. 자기도 모른 버릇이 그것의 방해가 되었다고 한다면, 이는 매우 안타까운 이야기가 아닐까요.

"(그렇다기보다, 앗, 이 말은 안 돼) 그렇구나. 무슨 말인지는 잘 알겠어. 나는 이렇게도 생각하는데……."

"(오히려, 안 돼, 안 돼) 방금 네가 한 말을 이렇게 생각해도 될까?"

위험한 말의 문을 걸어 잠그면 인상이 달라집니다. 여러분도 본인의 말버릇을 한번 검증해 보시면 어떨까요.

4 나의 뒷말을 알아 버렸다면?

남의 입을 막을 수 있지 않은 한 소문은 어디까지고 퍼지는 법입니다. 그런데 그것이 내 뒷말이라면 마음이 편하지는 않습니다. 더욱이 SNS(소셜 네트워크 서비스)가 보급된 요즘에는 실수로 그 당사자에게 뒷말을 보내 버리기도 하는 모양입니다.

뒷말을 알아 버린 이상, 나는 거기에 전혀 흔들리지 않는다는 마음으로 있기는 어려울 것입니다. 하지만 어려울지라도, 이를 악물고 버텨서라도 초연한 태도로 있는 것이 좋습니다.

뒷말을 하는 사람에게 화내며 따진들, 또한 뒷말의 대상이 되지 않기 위해 반대로 그들에게 바짝 다가간들 결과는 좋지 못합니다. 전자는 오히려 상대를 자극하다 말다툼이 심해질 수 있으며, 후자는 자기 스스로가 비굴하게 느껴져 마음이 무거워지겠지요.

뒷말이란, '뒤'라는 글자로부터도 알 수 있다시피 드러내 놓고 말할 수준의 문제는 아닌 것입니다. 가령 업무 방식이 남의 업무에 분명히 지장이 될 정도로 문제가 많은 사람이라면 마땅한 사람(직속 상사 등)으로부터 시정하라는 지시가 있을 것입니다.

혹은 옷차림이 아무리 보아도 직장과 맞지 않는다면, 이 경우에도 대면을 하고 주의를 줄 것입니다.

"여기는 연세가 있으신 고객님을 대하는 부서이기 때문에 그렇게 화려한 옷차림은 적절하지 않아. 사적으로는 뭘 입든 자유지만, 직장에서는 고객님께 불쾌감을 주는 복장을 피했으면 해."

이런 주의입니다. 이 정도의 수준은 아니기 때문에 "저 사람, 옷이 좀 튀지 않아?"와 같은 뒷말이 숙덕숙덕 나오는 것입니다. 다시 말해, 뒷말의 내용은 별 문제가 되지 않거나 어떻게 되든 상관없는 것이 대부분이라고 해도 좋을 것입니다.

그렇기 때문에 태연하게 있는 것이 제일입니다. 평소와 조금도 다름없이 행동하면 됩니다.

"면전에서는 말도 못 하면서 뒤에서는 이래저래 떠들다니, 그릇이 얼마나 작으면 저럴까."

이렇게 생각하며 당당한 자세를 지켜 갑시다. 뒷말을 하는 사람들도 그다지 깊은 의미는 없이, 다만 그 자리의 사소한 기분전환일 것이기 때문에 이야기할 가치가 없다는 느낌이 들면 뒷말도 자연히 소멸될 것입니다.

'일소천산청一笑千山靑.'*

이는 어떠한 난관이나 심적으로 어려운 상황도 웃으며 날려 버리면 앞길이 트이는 좋은 방향으로 풀려 간다는 뜻의 선어입니다. 뒷말에 관해서도 이런 마음을 가집시다. 뒷말의 출처인 사람에게도 얼굴이 마주쳤을 때 "안녕. 오늘도 날씨가 참 좋네." 하고 웃으며 밝은 인사를 빠뜨리지 않는다면 어떻게 될까요.

"내가 이런 사람더러 이래저래 뒷말을 했다니 부끄러워."

상대는 분명 그런 마음이 들 것입니다. 여러분은 그렇게 생각하지 않으십니까?

---

* 한 번 웃으면 천산이 푸르다.

어떠한 난관이나
심적으로 어려운 상황도
웃으며 날려 버리면
앞길이 트이는 좋은 방향으로 풀려 간다.

5 감정을 통제하는 방법

현대사회에는 감정을 잘 통제하지 못하는 사람이 늘어나고 있는 것 같습니다. 기상악화 등으로 교통수단에 지연이 생겼을 때가 좋은 예입니다. 역무원에게는 아무런 책임도 없는데, "어떻게 할 거예요!" 하며 윽박지르는 사람이 많습니다. 또는 붐비는 차량 안에서 어깨가 살짝 부딪힌 것만으로도 다툼이 생기는 일이 적지 않은 듯합니다.

이는 분노의 감정을 누르지 못한 예이지만, 사실 희로애락 전부에 관해서도 마찬가지가 아닐까요. 그것이 인간관계에 마찰을 일으키는, 더욱이 살벌함을 초래하는 한 원인임은 의심의 여지가 없습니다.

그런데 이에 대한 위기감 역시 현대인은 가지고 있습니다. 늘 평상심으로 있고 싶다는 마음은 누구에게나 있지 않을까요?

'평상심시도平常心是道.'

중국 당나라 시대의 남천보원 선사의 말로, 평상심이란 평소의 마음, 담담한 마음을 말하며, 그것이 곧 득도라는 것이 이 선어의 뜻입니다. 담담한 마음이라고 하면 감정과 동떨어진 마음이라는 인상으로 이해될 수도 있지만 그렇지 않습니다.

사람은 희로애락의 감정에서 벗어날 수 없습니다. 기쁨, 분노, 슬픔, 즐거움의 마음은 모두 자연히 생기는 것입니다. 그것을 억누르거나 죽일 필요는 없습니다.

마음이 희로애락으로 기우는 것은 좋지만 그 기우는 폭이 크면 거기에 얽매이게 됩니다. 기쁨에 들떠 주변에 대한 배려를 잊거나, 분노에 내몰리다 그대로 폭발하기도 하지요.

그런 일 없이 기우는 폭이 작고 거기에 얽매이지도 않으며, 마음이 이내 평온한 상태로 돌아간다. 이것이 평상심이라고 생각합니다. 저는 이를 대나무에 빗대는데, 대나무는 바람이 불면 그 방향으로 휘지만 바람이 멎으면 이내 올곧은 상태로 돌아옵니다. 이와 같이 탄력이 있는 마음이 평상심일 것입니다.

아울러 선에서는 종종 '무심無心'이라는 말을 쓰는데, 이 무심도 같습니다. 마음이 없다는 뜻이 아니라 한곳에 머물지 않는다 뜻입니다. 그것이 무심입니다.

마음이 기우는 폭을 줄이기 위해, 다시 말해 평상심이기 위해 가장 효과적인 것은 역시 좌선입니다. 좌선이라고 하면 진입장벽이 높다고 생각하시는 분이 적지 않을 것 같습니다. 하지만 요즘에는 좌선 모임을 여는 절도 각지에 있으며, 그곳에 몇 번 다니며 기본을 체득하면 집에서도 할 수 있는 것이 좌선입니다.

매일 30분, 아니 10분만이라도 고요히 앉아 있는 것으로 마음은 크게 바뀝니다. 평상심을 향해 한 걸음, 두 걸음 다가가는 것이지요. 좌선을 한번 체험해 보시지 않겠습니까?

6 실언을 해 버렸을 때는?

말에는 두 가지 측면이 있습니다. 말로 사람을 격려하고 위로하며 치유할 수 있는 한편, 말로 사람을 상처 입히고 슬프게 하며 괴롭게 하기도 합니다. 양날의 검이지요.

"앗, 방금 건 말실수였어."와 같이 말하고 나서는 괜히 말했다, 말이 좀 과했다고 생각한 경험은 누구에게나 있을 것입니다. 하지만 한번 내뱉은 말이 없던 것이 되지는 않지요. 이 경우에는 사죄할 수밖에 없습니다.

사죄할 때의 핵심은 하나입니다. '즉대응卽對應'밖에 없습니다. 알았다면 바로 사죄한다. 대화를 하다 알았다면, "방금 이렇게 말을 했는데, 적절한 표현이 아니었던 것 같습니다. 취소하겠습니다." 하고 지체 없이 사죄하는 것이 좋습니다. 사죄는 미루면 미룰수록 하기가 어려워지며, 상대에게도 성의가 전달되지 않습니다. 그런 만큼 응어리가 될 가능성도 높아지지요.

시간이 조금 흐른 뒤에 실언임을 안 경우에도 되도록 빨리, 그것도 상대를 직접 보고 사죄하는 것이 철칙입니다. 이런 선어가 있습니다.

'면수面授.'

본뜻은 중요한 가르침은 스승과 제자가 얼굴을 마주보며 전수한다는 것입니다. 사죄에도 이 자세가 요구됩니다. 사죄를 받는 입장에서 생각해 보시기 바랍니다. 상대가 직접 발로 찾아와 머리를 깊이 숙이는 것과 메일로 사죄의 말을 보내는 것은 인상이 완전히 다르지 않을까요.

"뭐, 메일? 이걸로 사과를 할 생각인가!"

아마 이런 기분이겠지요. 사무적인 전달 사항을 보내는 데는 매우 편리한 수단인 메일이지만, 그것으로 사죄의 '마음'이 전해진다고 믿는 것은 대단한 착각입니다. 얼굴을 볼 기회가 좀처럼 없다면 자필 편지를 보내야 할 것입니다. 글자를 잘 쓰고 못 쓰고는 상관없습니다. 직접 쓴 편지에는 마음이 실립니다.

또 이런 일도 있을 수 있겠습니다. 한 말이 틀리지는 않았지만, 그런 말을 할 대목이 아닌 경우입니다. 가령 현재 간병 분야에 종사하는 분들의 열악한 대우가 큰 문제입니다. 이 대목에서 "간병 일은 힘들고 급여가 낮아서 어렵지요."라는 말을 했다고 합시다. 일반론으로서 발언 자체는 틀리지 않았습니다. 그런데 그 자리에 간병과 관련된 일을 하는 사람이 있었다면 좋은 기분은 들지 않았을 것입니다. 자기의 일을 멸시하는 말로 들렸을 수도 있습니다.

이 경우에도 알았다면 즉대응해야 합니다. 성심을 다한 말로 뒷수습을 짓습니다. 진의를 정확히 전달하는 수고를 아껴서는 안 됩니다.

"설명이 모자랐던 것 같습니다. 간병은 매우 중요한 일이고 얼마나 많은 사람이 도움을 받고 있는지도 잘 알고 있습니다. 그렇게 가치가 있는 일인데도 대우 면에서는 이에 미치지 못한다. 이것이 제가 하고 싶었던 말입니다."

내가 전하고 싶은 뜻이 상대에게 반드시 그대로 전해진다고는 할 수 없습니다. '정론'도 때로는 실언이 됩니다. 자기의 말이 상대에게 어떻게 전해질지 늘 생각하는 자세를 가지셨으면 좋겠습니다.

그럼으로써 인간관계는 훨씬 정감이 늘고 풍요로워질 것입니다.

7 타이밍을 놓치지 않는다

세상일에는 타이밍이 중요하다고 합니다. 인간관계를 원만히 유지하는 데도 타이밍을 놓치지 않아야 합니다. 특히 경조사 때는 더 그렇습니다.

가까운 사람의 부고를 받았다면 만사 제쳐 두고 바로 달려간다. 이것이 가장 좋은 타이밍입니다. 여러분은 장례식 때 내는 부의에 글자를 왜 엷은 먹으로 쓰는지 아시는지요. 왜 그렇게 한다고 생각하십니까?

먹은 시간을 들여서 갈지 않으면 진해지지 않습니다. 그럴 시간도 아까워하며 바로 왔다는 뜻이 먹에 있는 것입니다. 하룻밤을 샐 때는 상복이 아니어도 괜찮다는 것도 같은 맥락입니다.

부의에는 옭은 먹을 쓴다는 이 관례도 타이밍의 중요성을 가르쳐 주고 있는 셈입니다.

경사에도 '바로'가 가장 바람직한 타이밍입니다. 물론 그 행사 예정일은 나중이겠으나 통지를 받고 바로 할 수 있는 일도 있습니다. 전화로 또는 편지로 축하의 말을 한마디 전하는 일이 그것이지요. 행사 당일에 참석만 하는 것과는 당사자의 가슴에 와 닿는 정도가 매우 달라집니다.

일상에서도 이런 장면이 있을 것입니다. 친구이건 업무 관계자이건 헤어질 때면, "조만간(다음에) 식사라도 합시다."라는 말이 나옵니다. 그런데 이는 거의 인사치레로 끝나고 맙니다.

몇 대 이전의 일본 총리가 "조만간 해산한다."라고 해 놓고는 좀처럼 해산하지 않다가 국회에서 질문 공세를 받는 일이 있었습니다. '조만간'이건 '다음에'이건 현실과는 상관없는 말인 것입니다.

확실히 실현시키려면 그 자리에서 일정을 정해 버리는 방법 외에 타이밍은 없습니다.

그밖에도 타이밍이 중요한 일이 있습니다. 전직과 같은 것이 그렇습니다. 타이밍을 잘못 잡으면, "성급했다." "너무 늦어 버렸다."와 같은 상황이 되기도 합니다. 그런데 이 경우에는 타이밍을 읽는 데 조건이 있습니다.

자기가 그 일을 위해 준비를 해 놓는다는 것입니다. 선어에 아래와 같은 말이 있습니다.

'줄탁동시啐啄同時.'

'줄'이란, 병아리가 달걀에서 나올 때 달걀 안쪽에서 껍질을 콕콕 쫀다는 뜻이며, '탁'은 어미닭이 바깥쪽에서 껍질을 쫀다는 뜻입니다. 이 두 가지 동작이 동시에 이뤄져야 비로소 병아리는 껍질을 깨고 태어날 수 있는 것입니다.

어미닭이 껍질을 너무 빨리 쪼아서 부화할 준비가 되지 않은 사이에 달걀이 깨지면 병아리의 생명이 위태로워지며, 거꾸로 너무 늦으면 병아리는 태어날 수 없습니다. 세상일이 이뤄지는 데는 시의적절한 타이밍이 중요하다고 이 선어는 말해 주고 있습니다.

전직도 아무리 좋은 조건의 이야기가 들어와도 내가 준비되어 있지 않으면 결과는 생각대로 되지 않습니다. 가령 IT 관련 회사로 전직을 고려하고 있다고 한다면, 그 일을 위해 필요한 최소한의 지식이나 기술을 배우고 익히는 일이 준비해 해당될 것입니다.

준비를 하지 않고 전직하면 머지않아 '팀에서 방출'되는 것은 불 보듯 번하며, 전직은 실패로 돌아갈 것입니다.

사소한 하나의 일이 다른 모든 일을 내다보게 합니다. 연애나 결혼도 마찬가지입니다. 결단할 타이밍을 읽기 전에 확실히 준비를 해 둡시다.

8 때로는 미움 받아도 된다

다양한 인간관계 속에서 살아가는 이상, 주변에서 나를 좋아해 주었으면, 혹은 미워하지 않았으면 하는 생각이 드는 것이 사람 마음입니다. 친한 친구 사이에서라면 모두가 나를 좋아할 수도 있겠지요. 하지만 업무 관계자로 범위를 넓힌다면, 가령 100명이 있는 가운데 그 100명 모두가 나를 좋아해 준다는 것은 쉽게 생각하기 어렵지 않을까요.

물론 상대가 나를 좋아하도록 나를 맞춰 갈 수도 있습니다. 하지만 사람은 저마다 남에 대한 바람이 제각각이므로 100명에게 나를 맞추는 상황이 된다면, 이는 보통 일이 아닙니다.

간단히 말하면 100명의 나를 '연기'해야 한다는 것입니다. 차분한 사람을 좋아하는 사람에게는 차분하게, 이에 반해 호탕한 사람에게 호의를 갖는 사람에게는 호탕하게, 남에게 조심스럽기를 바라는 사람에게는 또 그렇게 행동해야 하니, 현실적으로 이는 불가능하지요.

우선, 호감을 받기 위해 자기를 거짓으로 꾸미면 진정한 자기를 잃어버립니다.

'오도일이관지吾道一以貫之.'

자기가 걸어가는 길은 늘 일관되어 있는 것이 좋다는 뜻입니다. 이는 자기다움을 잃지 말고 살아가라는 뜻으로도 볼 수 있습니다. 자기를 바꾸지 않아도 되며, 자기를 속이지 않아도 된다는 것입니다.

때로는 미움을 받아도 되지 않을까요? 사석에서 나를 싫어하는 사람이 있다면 짐짓 억지로 사귈 필요는 없습니다. 거리를 두면 됩니다. 그것이 업무 관계자라면 관계하지 않을 수는 없겠지만 교제는 최소한으로 하면 됩니다. 일에 지장이 되지 않을 정도로 사무적이고 표면적인 교제를 가지면 되겠지요.

상대도 일의 '프로'이므로, 내가 싫어한다고 해서 그 사적인 감정을 일에까지는 가져오지 않을 것입니다. 이런 말도 있습니다.

"연대를 바란다고 할지라도 고립을 두려워하지 않는다."

좌익 운동 이데올로그의 한 사람이자 시인, 평론가이며, 그 자신이 활동가이기도 한 다니가와 간谷川雁의 말입니다. 혼자가 되기를 두려워해 공연히 연대할 필요는 없다는 말입니다. 미움받기를 두려워해 나를 속여서까지 상대에게 아첨할 필요는 없다는 말로도 들리는군요.

자기의 삶은 자기의 것이며, 자기에게 둘도 없는 것입니다. 자기답게 살아감이 곧 자기의 삶을 성실히 살아가는 것이라고 저는 생각합니다.

9 직급이나 직위는 양보해 버리자

저는 비즈니스 세계에 몸담은 적은 없습니다. 그러나 직장인이라면 누구나 일을 하다 어느 정도 세월이 흐르면 직급이나 직위를 의식할 것입니다. 과장이나 부장에 오르고 싶다는 생각은 결코 나쁜 것이 아닙니다. 그것이 모종의 목표가 되어 자기를 분발시키는 에너지가 된다고도 생각하기 때문입니다.

그런데 그것이 출세 경쟁으로 매몰되면 어떨까요. "동기 가운데 제일 먼저 과장이 되겠어.", "어떻게 해서라도 부장 자리에 올라야지."라는 생각이 지나치면 밑도 끝도 없이 직급이나 직위를 바라게 되며, 이에 물불을 가리지 않는 일이 생길 수도 있습니다.

"내가, 내가 먼저야."라고 하면서 '아我'가 전면에 나오는 것입니다. 이렇게 목표한 직급이나 직위를 얻었다고 한들 주변에서 따라 줄까요. 그들은 그 과정을 보았기 때문에 아마 이런 인상을 가지고 있을 것입니다.

"하여간 자기밖에 모르는 사람이야."

"웃는 얼굴로 주변을 쳐내고 저 자리에 있는 거 아니야."

이래서는 남을 통솔하는 직급이나 직위가 된들 그 역할을 충분히 다할 수 없음은 분명합니다.

여러분은 혹시 '무재칠시無財七施'라는 말을 들어 보신 적이 있습니까? 불교에서는 남에게 무언가를 주는 일을 보시布施라고 합니다. 돈이나 물건을 주는 일을 재시財施, 불교의 가르침을 설하는 일을 법시法施, 재난 등을 겪은 이들을 달래고 고치는 일을 무외시無畏施라고 합니다. 그밖에 재물이 없더라도, 법을 알지 못하더라도, 재난 등의 특별한 상황이 아니더라도 누구나 할 수 있는 보시가 일곱 가지 있는데, 이것이 무재칠시입니다.

'안시眼施', '화안시和顔施', '언사시言辭施', '신시身施', '심시心施', '상좌시上座施', '방사시房舍施'가 그것입니다. 이 가운데 상좌시는 자기의 자리나 처지, 지위를 양보하는 일을 가리킵니다. 무재칠시는 내가 행하면서 남이 행복해지고, 나아가서는 나도 행복해지기 위한 보시입니다. 추구해 마땅한 삶의 자세입니다.

출세 경쟁에서 한발 물러나 남에게 자리를 양보하는 일은 그야말로 이 상좌시를 실천한 것입니다. 물론 그런 태도와 행동은 주변에서도 보고 있습니다. 그러다 보면 자연스럽게 그들이 나를 밀어주게 됩니다.

“저 사람이 과장이 됐으면 좋겠어.”

“부장감은 저 사람 말고 없어.”

이런 생각을 하게 되지요. 응원을 받고 자리에 오른 사람에게는 주변에서도 협력을 아끼지 않습니다. 일치단결해 힘이 되어주지요. 이것이 성과로 이어지기도 하며 더 높은 자리로도 밀어줄 것입니다.

직급이나 직위는 그것이 ‘되는’ 데 의미가 있는 것이 아닙니다. 거기서 무엇을 ‘하는지’, 무엇을 ‘할 수 있는지’가 중요한 것입니다. 상좌시라는 것, 곰곰이 생각해 보시기 바랍니다.

10 괴로움을 '행복'으로 바꾸는 방법

인간관계 속에서는 갖은 일이 생깁니다. 남에게 배신당하고 속으며, 비난을 받기도 합니다. 그런 일이 있다면 마음이 무거워짐은 당연하거니와 상대를 탓하거나 미워하는 심경이 되어도 이상할 것이 없습니다.

그러나 선은 그 어떠한 상황일지라도 긍정적으로 받아들이라는 가르침을 주고 있습니다. 이런 일화가 전합니다.

한 수행승이 행각 도중, 폐가에서 하룻밤 묵을 자리를 빌립니다. 외풍이 불어들었으며, 천장은 곳곳이 뚫려 거기서 낙엽이 떨어졌지요. 마루청을 떼어내 불을 피우며 간신히 몸을 녹이던 상황 속에서, 수행승의 입에서 원망의 말이 새어나올 번합니다. 이때, 천장을 올려다본 수행승은 뚫린 틈새로 달빛이 들어와 자기를 비춰 주고 있음을 깨닫습니다.

쓸쓸함, 비참함은 일거에 달아나며 수행승의 마음은 행복감으로 한가득 채워집니다.

"어쩌면 이토록 아름다운 달빛이 나를 비춰 주고 있을까. 고마운 일이구나. 이토록 운치가 있는 하룻밤을 보낼 수 있다니, 이 이상의 행복은 없지 않을까."

폐가에서 하룻밤을 보낸다는 상황은 변하지 않을지라도, 마음은 쓸쓸함과 비참함을 행복으로 바꿀 수 있습니다. 이것이 선의 사고이자 선적인 삶의 자세의 진면목입니다.

이로 미루자면, 인간관계에서 부정적이 될 수 있는 상황도 긍정적으로 수용할 수 있습니다.

배신을 당한 경험은 신뢰에 대한 보답의 중요성을 마음 깊은 곳으로부터 느끼게 해 줄 것입니다. 속은 적이 있다면 최선의 성의로써 남과 교제하는 일의 훌륭함을 절감할 수 있을지도 모릅니다. 비난을 당한 경험으로부터, 사람은 남을 배려하는 일의 아름다움을 깨닫습니다.

괴로워, 분해, 슬퍼, 속상해…. 그런 마음이 들어도 좋습니다. 하지만 언제까지고 거기에 머물러서는 안 됩니다. 그것을 살아가는 데 양식으로 삼는 쪽으로 마음을 바꿔 갑시다. 이것이 바로 긍정적 수용입니다.

'동사同事.'

이는 도겐 선사가 저술한 《정법안장正法眼藏》 등에 나오는 말입니다. 나를 상대의 입장에 놓고 본다, 상대와 똑같은 마음이 된다는 뜻입니다. 내가 똑같은 경험을 하지 않았다면, 그리고 그것을 극복해 오지 않았다면 그런 마음이 되기는 매우 어렵습니다.

괴로움, 분함, 슬픔 등을 긍정적으로 수용하고 마음을 바꾸어야 극복할 기운도 솟아납니다. 또한 극복을 이뤄내면, 남의 괴로움과 분함, 슬픔에 마음을 더 가까이 할 수도 있습니다.

이는 인품을 두터이 하는 일입니다. 마음이 풍요로워지는 일이라고 해도 좋겠군요. 심적으로 어려운 상황에 직면한 때일수록 웅크려서는 안 됩니다. 마음을 움츠러들게 하지 마십시오. 마음은 반드시 바꿀 수 있습니다.

11 남의 행복을 위해 진력한다

자기가 행복해지기를 바라지 않는 사람은 없습니다. 그런데 어떻게 하면 행복해질 수 있을까. 이를 잘 알지 못하는 사람이 적지 않은 듯합니다. 그 표지는 불교에 있습니다.

'제법무아諸法無我.'

불교가 주는 가르침의 한 기둥이라고 해도 좋을 사고가 이것입니다. 모든 것은 관계성 위에 성립되어 있다는 뜻이지요. 내가 직장인으로 있는 것은 일로 나와 관계해 주는 사람이 있기 때문이며, 내가 가족의 일원으로 있는 것은 관계해 주는 가족의 존재가 있기 때문입니다.

이렇게 생각하면 행복이라는 것도 나 혼자로서는 어떻게도 하기 어렵다는 것을 알 수 있습니다. 관계해 주는 사람의 행복이 있기 때문에 나의 행복 또한 있는 것입니다. 가령 연인 관계에서 한 사람은 불행을 느끼고 있는데 다른 사람은 행복을 느낄 수 있을까요. 이는 생각할 수 없는 일입니다.

길이 보이는 것 같지 않으십니까? 그렇습니다. 내가 행복해지기 위해서는 나와 관계가 있는 다른 사람이 행복을 느껴야 합니다. 내가 남의 행복을 바라며, 그것을 위해 진력함이 행복을 가져온다고 해도 좋을 것입니다.

'이타행利他行.'

이도 불교의 말입니다. 타를 이롭게 하는 행동, 남의 도움이 되는 일을 하는 것을 말합니다. 나를 제쳐 두고 남에게 무언가를 베푼다는 뜻은 아닙니다. 또한 나를 희생해 남에게 진력하는 것과도 다릅니다.

남을 위해서 한 일이 그대로 내게 되돌아오고, 또한 그 일이 나를 위해서이기도 하다는 것이 이타행이 뜻하는 바입니다.

소중한 사람이 몸져누우면 최선을 다해 간병을 합니다. 자는 시간도 아까워하며 계속 돌보아 줄 것이며, 필요하다면 밤중에 병원에 데려가기도 하겠지요. 결코 만만한 일이 아닙니다. 하지만 그 사람이 다 낫고 웃음을 보이면 나도 기뻐서 가슴이 벅차오릅니다. 그 사람을 위해서 한 내 행동이 나를 기쁘게 해 주는 셈이지요. 이것이 이타행입니다.

절이나 신사에서 드리는 새전도 비슷한 맥락입니다. 새전을 드리는 일을 불교에서는 '희사喜捨'라고 합니다. 문자 그대로, 기뻐하며 내 돈을 버린다는 뜻이지요. 가진 돈을 내놓는 셈이니 기뻐한다는 것이 의아하게 생각될지도 모르겠습니다만, "무언가에 보탬이 되고 싶다."라는 생각으로 내놓은 돈이 과연 아깝게 느껴질까요? 오히려 마음이 채워지는 기분일 것입니다.

어떻습니까. 희사라고 부르는 이유가 이해되셨는지요.

행복도 기쁨도, 나만을 생각해서는 얻을 수 없습니다. 우선은 남을 생각한다. 이것이 출발점입니다. 불교는 '공생共生', 즉 사람과 사람이, 혹은 사람과 자연이 서로 도와주며 함께 살아가는 것을 중시합니다.

이와 같은 삶의 자세가 재발견되기 시작한 것이 이 시대입니다. 여러분, 시대를 앞서나가 그 실천자가 되시겠습니까?

5장

있는 그대로를
서로 인정하며 살아간다

1 산뜻한 마음으로 있는 그대로 살아간다

여러분 주변에도 멋지고 매력 넘치는 사람이 있을 것입니다. 혹시 그들의 말이나 행동을 관찰해 본 적이 있으십니까? 만일 있다면 공통점이 보이지는 않으셨습니까?

있는 그대로 살아간다. 저는 그것이 공통점이 아닌가 생각합니다. 사람이라면 어딘가에 분명 "조금이라도 더 잘 보이고 싶다."라는 생각을 가지기 마련입니다. 잠재의식이라는 말을 해도 될지 모르겠지만, 업무 능력을 인정받고 싶다, 이성에게 매력적으로 보이고 싶다, 됨됨이가 좋다는 인상을 주고 싶다는 마음이 적잖이 있습니다.

그것이 말이나 행동으로도 나옵니다. 속으로는 불안을 느끼는 일마저 무난히 해치울 수 있다고 하며 자신만만해하거나, 별것 아닌 연애 경험을 부풀려 말하거나…. 사사건건 젠체하는 일도 마찬가지일 것입니다.

까치발을 하고 살아가는 것입니다. 본래의 내가 아닌 플러스알파인 내게 집착하고 있다고 해도 좋겠군요. 하지만 그런 얕은 수는 언젠가 들킵니다. 가령 실제의 능력을 초과하는 일을 맡거나 하면, 문득 "어어, 이거 안 되겠는데. 이건 손도 못 대겠어."라는 생각에 저 혼자 고민에 빠지거나 괴로워하기도 하고, 당연히 뜻대로 결과가 나오지 않기 때문에 "뭐야? 잘한다더니."라는 판정을 받으며 창피를 사기도 합니다.

'보기 좋은 옷', '허식의 가면'은 벗어던집시다. 이런 선어가 있습니다.

'청요요 백적적淸寥寥 白的的.'

마음이 비칠 듯이 투명해 어디까지나 밝은 모양을 뜻하는 말이지만, 플러스알파인 내게 얽매여 있다면 결코 이런 마음이 될 수 없습니다. 마음에는 늘 까치발을 디딘 나를 혹시 남이 눈치채지나 않을까 하는 불안함, 개운치 않음, 두려움과 같은 '먹구름'이 낍니다.

있는 그대로로 좋지 않을까요? 그때그때마다 있는 그대로의 나로 살아가면 마음의 짐이 없습니다. 그야말로 '청요요 백적적' 입니다. 그러한 산뜻한 마음이 시원스럽게도, 매력적으로도 비춰지는 것입니다.

물론 '있는 그대로'는 변화해 갑니다. 노력이나 정진으로 두터움과 반짝임이 더해지기도 합니다. 여러분도 한동안 보지 못한 친구로부터, 전보다 눈에 띄게 인간적으로 성장했구나 하는 느낌을 받은 경험들이 있지 않으신지요.

마음에 먹구름을 품으며 플러스알파인 나를 보이며 살아갈지, 산뜻한 마음으로 있는 그대로 살아갈지, 선택은 여러분의 몫입니다.

2 '적'이 아닌 '절차탁마하는 상대'로 본다

늘 의식하는 존재는 누구에게나 있습니다. 직장에서라면 입사 동기, 혹은 같은 부서에서 같은 직위인 사람 등이 이에 해당할 수 있습니다. 사석에서라면 친구 가운데서 '늘 신경 쓰이는 녀석'이 한두 명은 있지 않을까요.

이른바 맞수인데, 이는 두 가지로 파악할 수 있다고 생각합니다. 하나는 '적'으로, 또 하나는 '절차탁마하는 상대'로 보는 것입니다. 상대를 적으로 보면 가장 먼저 생각을 지배하는 것이 승리와 패배에 대한 얽매임입니다.

상대가 일에서 나보다 좋은 성과를 올리면 발을 구르며 분해하고, 거꾸로 내가 성과를 내면 우월감을 가지며 안도합니다. 이것이 심해지면 적이 실책하기를 바라기도 하며, 여차하면 간을 빼먹어야겠다는 생각도 하게 됩니다.

그와 같은 관계가 일에 대한 동기부여가 전혀 되지 않는다고까지는 말하지 않겠습니다만, 적어도 마음이 편해질 겨를은 없을 것입니다. 더구나 상대가 실책했다고 해서 내 업무 기술이 나아지는 것도 아닙니다.

한편, 절차탁마하는 상대로 보면 상황이 확 바뀝니다. 상대가 대단한 성과를 올린 경우, "저 녀석, 열심히 한 모양이군. 좋아, 나도 정신을 바짝 차려야지!" 하며 그 결과를 수용할 수 있으며, 그것이 내게 자극과 격려가 되기도 합니다. 당연히 동기 수준도 부쩍 높아집니다. 스포츠계에서는 서로 절차탁마하는 맞수 관계가 잘 보이지요.

그 대표적인 예가 요미우리 자이언츠가 통산 9회의 우승을 거두던 시절의 'ON'입니다. O는 오 사다하루王貞治 씨이며, N은 나
마 시게오長嶋茂雄 씨를 말합니다. 이 두 선수는 서로를 존
서로의 존재로써 자기를 더욱 높은 수준으로 끌어올렸
선수가 만일 같은 시절에 유니폼을 입지 않았다면 오
세계의 홈런왕이 되는 일도, 나가시마 시게오 씨
라는 칭호를 얻는 일도 없었을 것입니다.

사실은 저도 서로 절차탁마하는 관계를 실감한 적이 있습니다. 탁발승으로 처음 수행에 들어갔을 때의 일입니다. 같은 날에 수행에 들어가는 것을 선에서는 '동일안거同日安居'라고 하는데, 그 동료들과의 관계가 그랬습니다.

선의 수행이 엄격하다는 것은 익히 알려져 있지요. 좌선만 하더라도 처음에는 다리가 아프고 저린 것과 필사적으로 싸웁니다. 경전을 하나 외우는 것도 시간이 제한되어 있어서 정신적인 압박에 위장이 찌르듯이 아픕니다. 물론, 동료 가운데서도 수득이 빠르고 늦은 사람이 있습니다.

하지만 저보다 늦은 사람을 보고 "내가 너보다 낫다."라는 생각은 전혀 들지 않았습니다. 단지 어떻게든 열심히 했으면 좋겠다, 내가 뭔가 도와줄 수 있는 일이 있다면 무엇이든 하겠노라는 마음뿐이었습니다.

수행을 하며 약한 소리를 낼 번하기도 했습니다. 그때 버팀목이 되어 준 존재도 동료였습니다. "저 동료는 저렇게도 분발하는데, 나도 여기서 꺾일 수는 없다." 솔직히 말해 동료가 없었다면 수행도량을 뛰쳐나왔을지도 모릅니다.

상대가 열심히 하며 내가 격려를 받고, 내가 열심히 하며 상대를 격려할 수 있다. 이것이 절차탁마하는 관계입니다.

맞수를 적으로 볼지, 혹은 절차탁마하는 상대로 볼지에 따라 심경이 크게 바뀝니다. 전자는 속이 노상 뒤숭숭한 데 반해 후자는 평온한 가운데서도 의욕에 가득 차 있지요.

말씀은 이렇게 드렸습니다만, 적으로 보던 상대를 바로 절차탁마하는 관계로 보기는 어려울 것입니다. 그래도 방법은 있습니다. 상대가 무슨 일을 잘했을 때 "해냈구나. 대단해."라고 하며 솔직히 칭찬하는 것입니다. 그 한마디로 관계는 분명 변화로 발돋움합니다.

어서, 절차탁마하는 관계를 향한 첫 걸음을 내디뎌 주시기 바랍니다.

3 사람은 오늘부터라도 '변할 수 있다'

저는 간혹 강연을 하기도 하는데, 그때 이런 질문을 받는 일이 있습니다.

"선의 수행은 어디까지 가야 완성입니까?"

저는 늘 똑같은 말로 대답합니다.

"수행에 끝은 없습니다. 어디까지고 계속해 나가기 때문에 수행인 것이지요."

그렇습니다. 선의 수행에 "이제 이걸로 됐어."라는 말은 없습니다. 이를 가리키는 선어가 있습니다.

'백척간두진일보百尺竿頭進一步.'

백 척이나 되는 긴 장대의 꼭대기까지 오른 것과 같은 높은 마음의 경지에 이르렀을지라도 이제 이걸로 됐다는 말을 해서는 안 된다, 거기서도 더욱이 한 발을 나아가라는 뜻입니다. 수행에 끝은 없다는 말이지요. 특히 선은 불완전함을 추구합니다. 완전함은 결착이 지어져 버린 상태이므로 더 이상의 앞이 없기 때문입니다.

득도로 말하자면, 수행을 거듭하며 득도의 경지에 달합니다. 그러나 그 경지에는 또 넓이나 깊이가 있는 법입니다. 그리고 거기에는 끝이 없지요. 그 끝이 없는 경지를 어디까지고 추구해 간다는 것이 불완전함을 추구한다는 말입니다.

'상구보리 하화중생上求菩提 下化衆生.'

보리는 '득도'를 뜻하므로, 위를 우러러서는 그것을 추구해 간다. 화는 '교화', 즉 가르침을 설파한다는 뜻이므로, 아래를 굽어보고서는 중생(사람들)에게 그것을 베푼다는 것이 이 말의 뜻입니다.

이는 보살의 응당한 모습을 말한 것입니다. 보살은 득도를 추구하면서도, 중생에게 가르침을 설파하며 그들을 구제하는 부처님입니다. 그와 같은 보살이 더욱 높은 경지를 추구하며 수행을 계속해 나감을 말하는 것입니다.

수행은 영원합니다. 여러분으로 말하자면, 성장해 가려는 마음이 수행에 해당할지도 모르겠습니다. 사회적으로 높은 지위에 오르거나 일에서 뛰어난 성과를 거두고는 그 시점에서 "이제 됐어."라는 생각을 해 버린 일이 있지는 않으십니까. 물론 일을 해낸 자기에게 만족하는 것은 좋습니다.

"용케도 여기까지 왔구나. 내가 봐도 정말 열심히 했지."

잠시 만족감에 젖는 것도 좋습니다. 하지만 삶에서 더 중요한 것은 그곳에서 심기일전해 더한 성장을 추구해 나가는 데 있습니다. 가령 자기의 목표였던 임원에 오르고는 오로지 부하 직원의 관리 또는 교육에만 주력하다 정작 자기의 성장을 잊어버리는 사람이 있습니다.

물론 부하 직원을 통솔하고 육성하는 일은 중요합니다. 하지만 자기의 견식을 더욱 넓히고 됨됨이를 갈고닦아 그러한 것을 업무에 활용하고자 하는 마음이 없다면 그 자리에 있는 시간이 따분해지지는 않을까요.

맑은 시내는 흐름을 멈추지 않기 때문에 맑은 것입니다. 고인 물은 흐려질 뿐이지요. 사람 마음도 똑같습니다. 성장하고자 하는 의지를 잃으면 마음은 풋풋함을 잃습니다. 이는 인간적인 매력을 상실한다는 말과 거의 같습니다.

4 자기를 다하는 모습이 가장 아름답다

"당신은 어떻게 살아가고 싶습니까?"

이런 질문을 받는다면 여러분은 어떻게 답하시겠습니까. 대답은 얼마든지 있겠지만 다음과 같은 삶은 누구나 동경하지 않을까요.

"아름답게 살아간다."

그런데 어떻게 하면 아름답게 살아갈 수 있을까. 일본인에게 가장 익숙한 스님인 료칸良寬 선사는 이런 말을 남겼습니다.

'화무심초접 접무심심화花無心招蝶 蝶無心尋花.'*

꽃은 꽃을 피우는 그 일만을 열심히 한다. 나비는 꽃에서 꿀을 빨며 살아가는 그 일을 한결같이 한다. 둘 다 저마다 자기의 본분을 다하면서도 꽃은 나비에게 꿀을 주며, 나비는 꽃가루를 옮기는 역할을 한다는 뜻입니다.

꽃은 나비를 부르기를 꾀하지 않으며, 나비 또한 꽃가루를 옮겨 줄 속셈은 없습니다. 꾀도, 속셈도 없다. 다만 무심으로 자기가 할 일에 힘쓴다. 이것이 본분을 다한다는 것입니다.

이 같은 본분을 다한다는 점에 아름답게 살아가는 비밀이 있는 것 같습니다. 단지 해야 할 일을 해낸다. 그 일에 온 정신을 다해 노력한다. 간단한 일은 아닙니다. 어느 부분에서 꾀나 속셈이 개입되기 때문입니다.

혹시 이런 적은 없으십니까?

중요한 일이나 평가를 받을 수 있을 것 같은 일은 전력으로 임하는 한편, 잡무와 같은 일은 대강 처리해 버린다. 일을 중요도로 나누는 것은 꾀입니다. 평가를 받을 수 있을지 여부로 나누는 것은 속셈입니다.

그러나 눈앞에 있는 일은 모두가 다 똑같은 과업입니다. 그것

---

* 꽃은 무심으로 나비를 부르며, 나비는 무심으로 꽃을 찾는다.

에 전력을 다하는 외에는 본분을 다할 도리가 없습니다.

선에서는 행주좌와行住坐臥의 전부를 수행으로 봅니다. 때문에 어디로 보나 수행이라는 느낌이 드는 좌선에 임하는 듯한 태도로 식사를 하는 데도, 세수를 하는 데도, 심지어 자는 데도 임해야 하는 것입니다. 좌선은 열심히 하면서 식사는 마음을 담지 않고 해 버리는 모습은 선이 가장 크게 경고하는 태도입니다.

사람은 지금 눈앞에 있는 일 하나밖에 할 수 없습니다. 그렇다면 오로지 그 일에 집중하며 그 일을 해내면 되는 것입니다. 이것 이상으로 아름다운 모습은 없으며, 그와 같은 지금의 축적이 아름다운 삶의 자세로 이어지는 것입니다.

5 신뢰받는 사람과 그렇지 못한 사람

인간관계의 기본은 상대에 대한 '신뢰'입니다. 신뢰할 수 없는 사람과 관계를 맺으려는 사람은 없을 것입니다. 그렇다면 신뢰를 얻는 데 빼 놓을 수 없는 것은 무엇일까요.

상대에게 보탬이 되는 어떤 일을 한다. 상대가 어려울 때 손을 내민다. 무슨 일이 생기면 두 팔을 걷고 도와준다. 이러한 일도 물론 신뢰로 이어지겠지만 저는 더 기본적인 일이 신뢰를 만든다고 생각합니다. 약속을 지키는 일도 그 하나일 것입니다.

누구나 약속을 지키는 일이 중요한 줄은 알고 있습니다. 하지만 그 일을 확실히 실행해 나가기는 뜻밖에도 어렵지 않을까요.

가령 친구와 약속을 한 날에 연인에게서 “보고 싶어.”라는 연락이 왔다고 합시다. 어쩌면 이런 생각이 들지도 모릅니다.

“오래 안 친구이니 직전에 취소해도 괜찮겠지. 대강 둘러대고 미안하다고 하자.”

그런데 약속을 했다는 것은 상대가 나를 위해 시간을 내 주었음을 말합니다. 상대는 이를 위해 필사적으로 일정 조정을 했을 수도 있습니다. 그랬는데 취소를 당한다면 상대가 어떤 마음일지는 쉽게 상상이 될 것입니다.

이런 일이 되풀이되면 오랜 교제에서 얻은 신뢰도 잃을 수 있습니다. 약속에 경중은 없습니다. 일단 한 약속은 어쩔 수 없는 일이 갑자기 생기지 않는 한, 반드시 지키는 것이 대원칙입니다.

감사와 사죄를 확실히 하는 것도 신뢰를 얻는 데 빼 놓을 수 없습니다. 설령 친한 관계일지라도 이를 게을리 해서는 안 됩니다.

“그 사람이니까 말 안 해도 고맙다는(미안하다는) 마음은 전해졌겠지.”

이는 본인 생각일 뿐입니다. 실제로 “고마워.”, “미안해.”라는 말이 없었던 일로 마음이 떠나며 신뢰마저 무너진 예가 결코 적지 않을 것입니다.

공감도 신뢰에 중요한 핵심입니다. 상대가 기뻐할 때는 함께 기뻐하고, 슬픔에 잠겼을 때는 그것을 나눕니다. 자기 마음에 다가와 주는 이에게는 누구라도 신뢰를 주기 마련입니다.

신뢰받지 못하는 사람은 이럴 수 없습니다. 남이 기뻐하면 시샘하고, 슬퍼하면 뒤에서 희열을 느끼지요. 신뢰와는 연이 없는 쓸쓸한 삶이라고 하지 않을 수 없습니다.

이 내용은 인간관계의 기본이 되는 것입니다. 신뢰를 받는 방법은 기본 속에 있습니다. 이를 꼭 마음에 새겨 주시기 바랍니다.

6 '시샘하기' 전에 나를 돌아본다

사람 마음은 늘 변화하고 있어 때로는 부정적인 감정에 사로잡히기도 합니다. 그 가운데서도 가장 머리가 아픈 것이 시샘입니다. 지금까지 여러 번 다루었지만 시샘의 감정이 일어나는 것은 남과 비교를 하기 때문입니다.

시샘이 날 만한 상대는 나보다 급여가 많은 사람, 고급 아파트에 사는 사람, 비싼 차를 모는 사람, 멋진 연인이 있는 사람 등이지만 어떤 예이건 그와 나를 비교하는 데서 시샘의 감정이 생기는 것입니다.

말할 필요도 없지만 시샘을 한다고 해서 내가 그 사람이 되는 것은 아닙니다. 오히려 그 부정적인 감정이 커져 내가 점점 막다른 길로 내몰리지요. '저 사람만 못한' 나와 '저 사람처럼 될 수 없는' 나를 용서하지 못하는 것입니다.

따져야 할 점은 그 사람이 왜 시샘의 대상이 되고 있는가 하는 것입니다. 왜 급여가 많은지, 왜 고급 아파트에 사는지, 왜 비싼 차를 모는지, 왜 멋진 연인이 있는지를 따져 보는 것입니다.

그 사람은 주변 사람들보다 몇 배나 성실하게 일을 했고, 그 결과 급여를 많이 받고 있는 것일지도 모릅니다. 알뜰하게 살면서 꾸준하게, 견실하게 돈을 모아 고급 아파트에 들어간 것일지도 모릅니다.

비싼 차를 갖기 위해 의식주를 희생해 온 것일지도 모르며, 열심히 자기를 갈고닦아 왔기 때문에 멋진 연인을 만난 것일지도 모릅니다.

눈에 보이지 않는 노력을 해 왔을 것입니다. 그런 노력을 하지 않은 채, 그 결과만을 보고 시샘하는 것은 올바른 길이 아닙니다.

시샘을 하지 않고, 자기의 노력이 족하지 않음을 생각한다. 그럴 수 있다면 인간으로서의 매력이 확실히 늘어납니다. 꼭 그렇게 살아가시기 바랍니다.

7 서로의 있는 그대로를 인정한다

인간관계는 다양하며, 교제하는 상대를 반드시 스스로가 고를 수 있는 것은 아니기 때문에 "저 사람, 불편해." 하는 마음을 안으면서 교제해야 하는 경우도 있습니다.

직장 생활에서 불편함을 겪는 예가 전형적이지요. 불편함을 의식하며 교제하기는 매우 어렵습니다. 이를 안다는 전제로 또 하나 말씀드리고 싶은 점은 불편하다는 의식에는 나의 '아我'가 작용하고 있다는 사실입니다.

불편한 이유는 나는 이랬으면 하는데 그렇게 해 주지 않는다거나, 나는 이렇게 생각하는데 전혀 다르게 생각하기 때문일 것입니다. 다시 말해 내 뜻대로 일이 되지 않거나, 혹은 상대가 내 뜻대로 해 주지 않기 때문에 불편하다는 의식을 가지는 것입니다.

그러나 남을 내 뜻대로 바꾸기는 불가능합니다. 그렇다면 내가 바뀔 수밖에 없습니다. 그런데 이는 나를 상대에게 맞춘다는 뜻이 아닙니다.

'오무호오悟無好惡.'

있는 그대로를 인정하면 좋고 싫음이 없다는 뜻의 선어입니다. 불편함에 관해서도 마찬가지입니다. 상대의 있는 그대로를 인정하는 나로 바뀌면 상대를 보는 눈이 변화하지 않을까요. "이랬으면 좋겠다."라고 생각한 상대를, "이런 사람인 것이다."라고 깨끗이 인정하면 불편하다는 의식도 불식되리라고 생각합니다.

불편하다는 의식이 완전하게 사라지지는 않을지라도, 회사에는 인사이동이 있으니 5년이고 10년이고 내내 그 사람과 같은 부서에 있을 일은 없을 것입니다. 인사이동이 있을 때까지는 이 방법으로 충분히 견뎌낼 수 있지 않을까요.

일가친척 가운데 불편한 사람이 있는 경우도 마찬가지입니다. 요즘은 핵가족화로 인해 일가친척의 얼굴을 볼 기회도 줄었지요. 잔소리가 많은 큰아버지, 빈정거리기를 좋아하는 작은어

머니를 본다고 해도, 단지 "그런 사람이구나."라는 말을 스스로 의 마음에 들려주고는 그 자리를 지나가면 될 일입니다.

상대의 있는 그대로를 인정하는 나로 바뀌면
상대를 보는 눈이 변화하지 않을까요.
"이랬으면 좋겠다."라고 생각한 상대를,
"이런 사람인 것이다."라고 깨끗이 인정하면
불편하다는 의식도 불식되리라고 생각합니다.

6장

제 삶은
왜 괴로울까요?

•
•
•

성격·가족·일…. 자기 마음속에는 열등감이 가득하다고 생각하는 어느 청년(디지털 영상 편집자, 37세). 그는 자기가 괴로운 삶을 살고 있다고 말한다. 남과 여러 가지를 비교하다 때로는 생각의 늪에 빠지기도 한다.

"나는 가치 있는 사람인가?"
"이 세상은 정말 희망에 가득 차 있는가?"

그가 마스노 주지스님에게 묻는다.

•
•
•

1 보고 싶지 않은데 보는 'SNS'

청년 주지스님께서는 '리아주リア充'라는 말을 아십니까? '리얼한 현실의 생활'이 '충실'한 사람을 말하는데, 제가 아는 어느 '리아주'들의 글이 자꾸 페이스북이나 트위터에 올라옵니다. "이렇게 맛있는 걸 먹었다.", "같이 마셨는데 분위기가 정말 좋았다."와 같은 글이지요.

조금 착잡합니다. "나는 안 불렀구나."라는 생각도 들고, 부러운 마음도 듭니다. 그렇다면 보지 않으면 되는 것 아니냐고 할 수 있겠지만, 보고 싶은 마음을 억누르지 못해 마음이 어수선합니다.

마스노 페이스북이나 트위터의 글은 기본적으로 '좋은 일', '즐거운 일'이지요. 하지만 사람은 그런 일 이상으로 '괴로운 일', '고민스러운 일', '가슴 아픈 일' 등을 가득 안으며 살아가고 있습니다. 아마 이런 일이 훨씬 많을 것입니다.

다시 말해 올라오는 글은 빙산의 일각에 불과합니다. 그것도 좋은 일로만 점철되어서 말이지요. 그러니 가벼운 소식쯤으로 보면 되지 않을까요. "그런 일이 있었구나.", "분위기가 좋아서 좋았겠네."라는 식으로 말입니다. 가령 '컴퓨터 특가 할인'과 같은 광고를 보면, "오!"라고 하면서 순간 관심이 가지 않습니까. 그런데 그것을 깊이 생각하지는 않지요. 그런 수준의 정보로 생각하면 마음이 어수선할 일도 없습니다.

2 사람과 '무리를 짓는' 것이 좋은가

청년 저는 원래 성격적으로 남들과 잘 놀지 못하는 구석이 있습니다. 크리스마스, 밸런타인데이, 핼러윈과 같이 남들과 어울릴 기회가 해마다 몇 번은 있지 않습니까? 그런데서 분위기를 타지 못합니다.

그 자리에 있어도 "이런 게 재밌어?"라는 말을 해 버리거나, 말까지는 않더라도 표정에 드러나고 말지요. 이런 쌀쌀맞은 나 자신이 서글픈 기분도 들고, "내 성격이 안 좋은 건가."라는 생각을 하다 보니 어느새 이것이 콤플렉스가 되었습니다.

마스노 기념일에 남들과 어울리는 것은 나쁘지 않다고 생각하지만, 결국 그 이면에는 상업주의가 있을 것입니다. 크리스마스에 도심의 호텔이 꽉 차고, 고급 레스토랑에 예약이 밀리는 것은 이 상업주의에 깜빡 넘어간 것이라고 할 수 있겠지요.

분위기를 잘 타지 못한다면 짐짓 억지로 어울리지는 않아도 됩니다. "그런 자리는 좀 불편해."라고 생각해 버리면 그만입니다. 요즘 사람은 '무리를 짓고 싶어 하는' 경향이 있지 않습니까? 무리 속에 없으면 불안해지지요. 그래서 내 숨을 죽이기까지 하며 무리에 동화하려고 합니다. 그런데 이 점이 고민이기도 한 것입니다.

에도 시대 말기의 지사인 다카스기 신사쿠高杉晋作가 "남은 남이고, 나는 나이다."라는 말을 남기기도 했습니다. 사람은 한 명, 한 명이 모두 다릅니다. 좋아하는 것, 싫어하는 것, 잘하는 것, 못하는 것 등등 그야말로 십인십색이니 같을 수가 없지요.

무리에 들기 위해 자기다움을 잃기보다는 무리에서 떨어지더라도 자기답게 있는 쪽이 더 낫지 않을까요. '노당당露堂堂'이라는 선어가 있습니다. 어디에도 숨기는 것 없이 있는 그대로가 드러나 있다는 뜻입니다. 자기다움이 곧, 있는 그대로라는 뜻이지요. 그것이 진실한 모습이라고 이 선어는 말하고 있습니다.

3 결혼할 사람이 보이지 않는다

청년 저는 아직 미혼인데, 이것 또한 고민입니다. 이제 서른 일곱인데, 이 나이까지 혼자이니 주변의 눈치도 보입니다. 실제로 "사람으로서 어딘가 부족한 데가 있는 거 아닐까?"라는 말을 듣기도 해서….

마스노 결혼 생각은 있으십니까?

청년 네. 사실, 같이 살던 여자 친구가 집을 떠납니다. 결혼을 할 거라면 그 전에 기간을 정해 놓고 한번 같이 살아 보자는 말이 나와 같이 살아 왔는데, 마음이 점점 맞지 않아졌다고나 할까, 하여간 사이가 안 좋아지다가 "이래선 결혼

하지 못하겠어."라는 결론이 나왔지요. 가슴이 너무 아픕니다. 나한테 문제가 있었나 하는 생각을 하고 있습니다.

마스노 현실의 결혼은 아무래도 영화나 드라마처럼 근사하게는 풀리지 않으니까요. 저는 결혼을 고려할 때 중요한 것이 가치관과 취미, 기호라고 생각합니다. 일반적으로는 연봉이나 학력, 외모 등을 결혼을 정하는 요소로 보지만, 오랫동안 같이 생활할 것이기 때문에 공통된 가치관을 가지고 있지 않다면 역시나 잘 되지 않습니다.

가령 돈에 관해서도, 나는 돈이 들어오는 족족 쓰고 싶다는 가치관인데, 상대는 나중을 대비해 견실하게 저금을 하고 싶다는 가치관이라면, 이 둘은 잘 되지 않겠지요.

청년 맞습니다. 크게 다투는 모습이 눈에 선하군요.

마스노 시간에 관해서도 그럴 것입니다. 한쪽은 휴일이면 아침부터 외출해 윈도쇼핑이나 외식을 즐기고 싶은데, 다른 한쪽은 느긋이 책이라도 보며 보내고 싶다고 한다면 부딪치지 않을 수 없지요.

처음에는 상대에게 맞춰 보려고 노력할 수도 있지만 그런 연극이 언제까지고 계속될 수는 없습니다. 머지 않아 인내에 한계가 오며, 서로 갈 길을 가자는 상황이 오지 않을까요.

음식의 기호도 그렇습니다. 기름진 것이라면 사족을 못 쓰는 사람과 담백한 것을 좋아하는 사람이 같이 살기는 어렵겠지요.

청년 그런데 가치관이나 취미, 기호가 완전히 맞는 상대가 있을까요?

마스노 없습니다. 100퍼센트 맞는 상대는 있을 수 없지요. 태어난 곳, 자라온 환경, 받아온 교육이 모두 다르기 때문입니다. 60퍼센트 정도 겹치는 부분이 있다면 감지덕지이지요. 때문에 맞지 않는 부분은 상대의 '있는 그대로'를 인정하는 것이 중요합니다. 왜 이렇게는 해 주지 않느냐, 왜 이럴 수는 없느냐면서 상대에게 요구하면 기껏 맺어 놓은 사랑에도 금이 가겠지요. 겹쳐진 부분으로써 어떻게 두 사람의 시간을 충실하게 만들어 나갈까. 결혼의 가장 큰 핵심은 여기에 있다고 생각합니다.

청년 같이 식사를 하다 가치관이 가깝다는 생각이 든 사람은 여럿 있었지만, 대개는 이미 만나는 사람이 있거나 저를 마음에 들어 하지 않거나 해서…. 이는 어쩔 수 없겠군요.

마스노　인연이니까요. 하지만 뜻밖에 가까운 데 있을 수도 있다고 생각합니다. 인연이란 사소한 계기로 맺어지기 마련입니다. 혹시 좋아하시는 일이 있습니까?

청년　낚시를 좋아해서 매주 나갑니다.

마스노　그거 좋네요. 낚시를 좋아하는 여성도 있을 테고, 그 주변에서 인연이 생길 것 같기도 하군요.

청년　막상 생각나는 사람들은 낚시의 나은 자에도 흥미가 없는 것 같아서….

마스노　그럼, 바다를 좋아하는 사람은 어떠신지요. 바다를 좋아하는 여성이면 괜찮겠네요. 귀하께서 낚싯줄을 내리고 있고, 옆에서 상대가 바다를 바라보는 광경이라면, 그거 참 멋지지 않겠습니까.

청년　좋은 말씀입니다. '바다'를 의식하면서 여성에게 다가가 보아야겠다는 생각이 드는군요.

4 부모님에 대한 부채의식

청년 이것도 결혼과 관련되는데, 저는 부모님에게 어떤 의미로 부채의식을 가지고 있습니다. 부모님은 결혼을 바라실 것이고, 하루빨리 손주 얼굴도 보고 싶으실 텐데. 그런 부모님의 마음에 보답해 드리지 못하고 있구나 하는 느낌이 있습니다. 더한 말로는, 은혜를 갚지 못하고 있다는 생각마저 듭니다.

마스노 인연을 잘 타고나지 못해 결혼을 못 하고 손주를 안겨 드리지 못한 점으로 부모님께 죄스러운 마음이 들 수는 있습니다. 부모님으로부터 받은 생명을 다음 세대로 이어감이 자연의 흐름이자 이상이라고 해도 좋을지 모르겠습니다.

사람으로서 어떻게 나를 향상시킬까. 이것이 우리네 삶이라고 생각하며, 아울러 삶의 끝에서 내가 살아온 자취를 누군가가 배웅해 주었으면 좋겠다는 생각은 누구나 할 수 있습니다. 자식이 그 누군가가 될 수도 있으니, 이런 의미에서도 자식이 없다는 것이 쓸쓸하게 느껴질 수도 있겠지요.

단, 주체는 어디까지나 나이기 때문에 결혼을 하지 않는 삶일지라도, 자식이 없는 삶일지라도 그 삶을 있는 힘껏 살아가면 그것으로 좋습니다. '대지황금大地黄金'이라는 선어는 그 어떤 상황일지라도 전력을 다하면 그 자리가 황금처럼 빛나게 된다는 가르침을 주고 있습니다. 언제든 '전력으로 있는 힘껏' 살아간다. 이런 자세라면 삶이 빛나지 않을 수 없습니다.

5 무언가에 몰두하고 싶다

청년 어린 시절이나 학창시절에 무슨 일에 몰두한 기억이 없습니다. 주변을 보면 야구에 열심이었다거나 축구밖에 하지 않았다거나, 영화를 주구장창 보았다고 하는 사람들이 있습니다. 나는 대체 뭘 하고 있었나 하는 생각이 들더군요. 이것도 하나의 콤플렉스가 되었습니다.

마스노 몰두할 수 있는 일이나 열심일 수 있는 일을 지금부터 찾으면 되지요. 그런데 어린 시절에 좋아했던 것이 정말 하나도 생각나지 않으십니까?

청년 좋아했던 것 말씀이십니까? 글쎄요. 아! 살아 있는 것, 특히 곤충을 좋아했습니다. 가만히 생각해 보니, 곤충을 연구하는 사람이 되고 싶었네요. 그런데 휴대용 게임기라는 '악마'한테 씌어서는…. 부모님이 아직 주무시던 새벽 네 시에 일어나서 하곤 했지요.

마스노 어린 시절에 좋아했던 것은 지금도 몰두할 수 있습니다. 귀하께서는 디지털 영상 편집 일을 하고 계시니, 그 일을 곤충과 접목시키는 방안을 고려해 보시면 어떨까요. 가령 디지털 곤충도감을 만들어 인터넷에서 공유하는 방법도 있겠군요.

좋아하는 것을 일로 삼는다는 것은 멋지고 행복한 일입니다. 지금 하시는 일은 물론 계속하시면서, 처음에는 취미처럼 곤충과 관련된 무언가를 만들어 가는 것입니다. 그 일이 언젠가 비즈니스가 되면 더 좋은 것이고, 혹시 그렇지 못하더라도, 적어도 몰두할 수 있는 일을 한다는 것은 행복이 아닐까요.

6 인간관계를 '넓힐' 필요는 없다

청년 조금 전, 남들과 잘 놀지 못한다는 말씀을 드렸습니다. 그런 탓인지 "나는 친구가 별로 없구나." 하는 느낌이 들기도 합니다. 친구는 역시 많은 편이 좋다는 생각이 드네요.

마스노 저는 친구까지도 포함해 인간관계는 넓히지 않는 편이 좋다고 생각합니다.

청년 아, 그렇습니까!?

마스노 SNS로 많은 사람과 관계를 맺는 등, 요즘 세상에는 인간관계를 넓히는 것이 좋다는 풍조가 있습니다. 그런데 이는 사람과 사람이 관계를 맺은 것이 아닙니다.

SNS로 관계를 맺은 사람에게 중요한 고민을 이야기하거나 나를 도와달라고 하면, 과연 얼마나 많은 사람이 응답해 줄까요. SNS 친구 백 명 가운데 한 명이라도 그렇게 해 준다면 다행이 아닐까요.

청년 무슨 말씀인지 알 것 같습니다.

마스노 인간관계를 지나치게 넓히면 부담이 됩니다. 남과 교제를 한다는 것은 어느 부분에서 상대에게 맞추려고 하는 내가 있음을 뜻합니다. 누구나 상대에게 불쾌감을 주고 싶지는 않아 하지요. 사람은 제각기 다르기 때문에 열 명이고 스무 명이고 그렇게 나를 맞추려 하다 보면, 이는 보통 일이 아닙니다.

이와 더불어 상대가 나를 어떻게 생각하는지까지 신경 쓰면, 이는 마음에 더욱 큰 부담이 될 것입니다.

그보다는 주어진 인연을 소중히 하고 심화해 가는 것이 좋지 않을까요. 마음이 서로 통한다면 온전한 나로 있을 수 있습니다. '일기일회一期一會'라는 말을 들어 보신 적이 있습니까? 다도에서 유래한 말로, 그 사람과 만나는 순간은 단 한 번뿐이며 두 번 다시 돌아오지 않는다. 그러니 최대한의 성의로써 대해야 한다는 뜻입니다. 인연을 심화하는 데는 이런 자세를 가지는 것이 중요하다고 생각합니다. 추구해야 할 것은 '양'보다 '질'이겠지요. 제가 늘 하는 말입니다만, 친구는 단 한 사람만 있어도 충분합니다. 인간관계는 전혀 넓힐 필요가 없습니다.

청년 왠지, 빛이 보이는 것 같습니다.

7 내가 하고 싶지 않은 일은 하지 않는다

청년 저는 체질이 게을러서인지 자꾸만 편한 쪽으로 도망가 버립니다. 가령 저는 영어가 서툴지만, 공부를 해서 일에 도움이 되었으면 하는 생각은 있습니다. 그런데 막상 시작하니 영어 공부는 버겁고, 차라리 일을 하는 것이 편하더군요. 프리랜서 신분이라 어디에 얽매일 일이 없으니 자꾸 도망가게 됩니다. 도무지 열심히 할 수가 없더군요. 마음이 약한 것 같습니다.

마스노 물은 낮은 데로 흐른다고 하는데, 하물며 사람도 쉬운 데로 흐르고, 편한 쪽으로 흐르는 법입니다. 또한 일단 흘러 버리면 끝없이 편한 쪽으로 가지요. 사람 마음은 그다지 굳세지 않습니다. '테'라는 것을 아십니까? 나무통의 나무 조각을 죄는 대나무 고리를 말하는데, "테를 메우다."라는 표현이 있지요. 테를 메워서 죄지 않으면 통은 느슨해져 버립니다.

사람도 테를 메우지 않으면 안 됩니다. 그 테가 되는 것이 규칙적인 생활이라고 저는 생각합니다. 시간을 철저히 관리해, 해야 할 일을 안배하고 그것을 처리해 간다. 이것이 규칙적인 생활입니다.

이 시간에는 일을 하기로, 또 이 시간에는 영어를 하기로 정했다면 일단은 그 일을 하는 것입니다. 선어에 '근정진勤精進'이라는 말이 있습니다. 평소부터 온 힘을 다하는 노력을 한다는 뜻입니다. 해야 할 일을 꾸준히 하는 것이 이에 해당하겠군요. 우선 이런 자세가 중요할 것입니다.

청년 시간을 정해 영어를 꾸준히 하라는 말씀이시군요.

마스노 다만, 귀하의 경우 영어를 해서 일에 보탬이 되었으면 한다는 것은 희망사항일 것입니다. 다시 말해, 필수 과제는 아닙니다. 그렇다면 서툰 영어 습득을 '해야 할 일'에 넣어야 할지 말지는 판단이 갈릴 부분이라고 생각합니다.

청년 무슨 뜻인가요.

마스노 서툰 점을 극복하기는 매우 어렵습니다. 남들의 몇 배는 노력하지 않으면 보통 수준 이상은 되지 않습니다. 처음에 "버겁다."라는 말씀을 하셨는데, 정말로 그렇습니다. 하지만 능숙한 분야의 일이라면 어떨까요? 버거움도 느끼지 않을뿐더러 같은 노력을 들인다면 서툰 분야보다 훨씬 성장이 빠를 것입니다.

저는 서툰 점을 보완하기보다 능숙한 점을 신장시키는 편이 낫다고 생각합니다. 귀하의 경우라면 디지털 영상 편집 기술을 계속 파고드는 것입니다. 그러다 나중에 영어가 필요한 일이 생기면 영어가 가능한 사람을 쓰면 되지요.

영어는 가능한데 편집 기술은 그저 그런 사람과 영어는 불가능해도 편집 기술은 최고인 사람이 있다면 의뢰인은 어느 쪽을 고를까요. 통역 비용을 들여서라도 후자를 고를 것입니다. 능숙한 분야라면 그 정도 수준이 되기는 결코 어렵지 않으리라 생각합니다.

청년 그렇군요. 그렇게 생각하면 되겠군요.

8 상속을 둘러싼 남매간의 확집

청년 하나 더, 요즘 고민하고 있는 것이 있습니다. 집안 이야기이기는 하지만, 실은 누나와 사이가 틀어져서….

마스노 짐작되는 원인이 있습니까?

청년 네. 상속 문제입니다. 부모님은 모두 살아 계시지만, 아버지께서 6년 전 심근경색을 겪으신 뒤로 유언장을 쓰기 시작하셨습니다. 자식은 저와 누나 둘뿐입니다만, 부모님이 모두 돌아가신 뒤 본가를 어떻게 할지로 다투고 있습니다. 저희 집은 결코 자산가라고는 할 수 없지만 집과 땅이 있습니다. 부모님께서는 당신들이 세상을 떠난 뒤에도 집은 그대로 두었으면 하는 의향이십니다.

그래서 집과 땅은 제게 물려주고, 그 이외의 재산은 누나와 안분하라는 내용의 유언장을 쓰셨습니다. 제가 유리한 상속이기 때문에 누나로서는 이의를 제기하는 것이지요.

5년 전쯤에 누나로부터 그 상속은 인정할 수 없다는 말을 들은 뒤로는 서로 연락이 끊기고 말았습니다.

마스노　누나 분의 생각은 어떻습니까?

청년　집과 땅을 처분하고 균등하게 상속하자는 것입니다. 누나의 주장도 이해되지 않는 것은 아니지만 부모님 마음을 생각하면 그것은 역시 도리가 아닌 것 같아, 해결책을 내지 못한 채로 지금까지 왔습니다.

마스노　고려해야 할 점은 부모님의 의사를 이어받으면서도 누나의 희망에 최대한 따르려면 어떻게 해야 하는가 하는 것이군요. 이 문제는 기술적으로 해결할 수 있지 않은가 싶습니다.

가령 가지고 계신 땅에 1층과 2층이 딴살림인 주택을 지은 뒤, 1층에는 귀하께서 살고 2층은 누나에게 맡기는 방법이 있겠군요. 누나는 그곳을 임대해 수익을 얻을 수 있고요. 이렇게 하면 누나의 희망에도 따를 수 있지 않을까요.

이외에도 땅을 남겨 놓는 방향으로 여러 방법이 있을 것입니다. 부동산 혹은 법률 관계자와 한번 상의해 보는 것이 어떨까요?

청년 하여간에 움직여야 한다는 말씀이시군요.

마스노 그렇지요. 선은 '즉행동'입니다. 움직이지 않으면 아무것도 시작되지 않지만, 움직이면 어떻게든 되며, 어떠한 결과가 나오는 것입니다.

9 돈을 가지고 죽을 수는 없다

청년 역시 돈 문제가 얽히니 머리가 아프네요. 선에서는 돈을 어떻게 생각하는지요?

마스노 '본래무일물'이라는 선어가 있습니다. 사람은 무엇 하나 가지지 않고 태어나 죽을 때도 무엇 하나 가지고 갈 수는 없다는 뜻입니다. 이것이 기본입니다. 아무리 돈에 집착해 저금한다고 한들 그것을 가지고 저세상에 갈 수는 없습니다. 가지고 갈 수 있는 것은 좋은 삶이었구나 하고 생각할 수 있는 경험, 그 추억일 것입니다. 그러니 좋은 추억을 얼마나 만들 수 있을까, 이를 유념

하며 삶을 거닐어 가시면 좋겠습니다. 이를 위해서는 '지금 이 한순간'을 열심히 살 수밖에 없습니다. 삶은 그 한순간의 축적이니까요.

여기에 집중하며 살아가면 돈에 대한 집착은 희미해집니다. 열심히 한다. 그 결과물, 즉 들어오는 돈에 관해서는 그저 내맡겨 버린다는 마음을 갖는다. 이렇게 살아갈 수가 있는 것입니다. "일단 돈부터 있어야 한다."가 아니고 말입니다.

청년 그렇군요. 돈을 가지고 죽을 수는 없지요. 당연한 말씀이지만 왠지 모르게 '눈이 확 트이는' 기분입니다.

끝맺으며

어떻습니까. 이 책을 한 번 읽으시고 어디서 깨달음이 있으셨습니까? '선의 지혜'를 한 가지라도 실천해 주셨습니까? 실천하신 분은 망상에서 벗어나는 것이 무엇인지 체감하셨을 것입니다.

열등감에 빠져 있어도 아무런 소용이 없음을 알았다. 아무리 심적으로 어려운 상황일지라도 마음을 긍정적으로 바꿀 수 있음을 알았다. 인간관계의 고민을 선적으로, 즉 심플하게 생각했더니 해결책이 떠올랐다….

이런 체감은 분명 여러분이 살아가시는 데 힘이 될 것입니다. 삶을 풋풋하게, 너그럽게, 생기롭게 살아가는 길을 보여준다고 해도 좋을 것입니다.

'들어가며'에서도 말씀 드렸지만 사람은 망상에 감염되기 쉽습니다. 앞으로 살아가면서 또 다시 망상에 사로잡히는 일이 있을지도 모릅니다. 하지만 괜찮습니다. 여러분은 이 책이라는 '처방전'을 가지고 있습니다.

"어, 조금 위험한데."

"혹시 이게 망상인가?"

그런 느낌이 드신다면 감염 초기에 처방전을 펼치십시오. 이 책의 어느 곳에 적확한 처방이 나와 있을 것입니다. 2500년 남짓한 역사를 살아낸 불교, 그 가운데서도 현재 세계에서 가장 주목받고 있는 선의 지혜로 뒷받침된 처방전이니만큼 결코 낡은 방법이 되지는 않을 것입니다.

삶의 도처에서 길을 잃었을 때, 다시 되돌아오기 위한 마음의 의지로써 이 책을 활용해 주신다면, 저자로서 그 이상의 기쁨은 없을 것입니다.

여러분은 이 책이라는

'처방전'을 가지고 있습니다.

깃털처럼 가볍게 살아라

초판 1쇄 인쇄 2020년 11월 03일
초판 1쇄 발행 2020년 11월 10일

지은이 **마스노 슌묘**
옮긴이 **강정원**
펴낸이 **우세웅**
책임편집 **이지현**
기획편집 **장보연 박서영**
콘텐츠기획·홍보 **박서영**
북디자인 **신은경**
종이 **㈜타라유통**
인쇄 **㈜다온피앤피**

펴낸곳 **슬로디미디어그룹**
신고번호 **제25100-2017-000035호**
신고년월일 **2017년 6월 13일**
주소 **서울특별시 마포구 월드컵북로 400, 서울산업진흥원(문화콘텐츠센터)5층 20호**
전화 **02) 493-7780**
팩스 **0303) 3442-7780**
전자우편 **slody925@gmail.com(원고투고·사업제휴)**
홈페이지 **slodymedia.modoo.at**
블로그 **slodymedia.xyz**
페이스북·인스타그램 **slodymedia**

ISBN 979-11-88977-60-4 (03190)
이 도서의 국립중앙도서관 출판예정도서목록(CIP)은 서지정보유통지원시스템 홈페이지(http://seoji.nl.go.kr)와 국가자료공동목록시스템(http://www.nl.go.kr/kolisnet)에서 이용하실 수 있습니다. (CIP제어번호 : CIP2020043743)